UNTERRICHTSIDEEN
Grusel - Werkstatt

Fächerverbindendes Unterrichtsmaterial
für eine Lernwerkstatt im 3. und 4. Schuljahr

Erprobt
und
vorgestellt
von

Dagmar Tischer
und
Michael Dietrich

Ernst Klett Schulbuchverlag
Stuttgart Düsseldorf Berlin Leipzig

Literatur

Buhren, C.G: Lernwerkstätten – „Zarte Pflänzchen" innerer Schulreform? In: Voneinander lernen. Abschlußdokumentation des Grundschultages. Detmold 1991

Die Grundschulzeitschrift „Schreibkonferenzen". Heft 61, Januar 1993

Die Grundschulzeitschrift „Zaubergarten Mathematik". Heft 74, Mai 1994

Hagstedt, H.: Brauchen Lernwerkstätten ein didaktisches „Kabinett"? In: Friedrich Jahresheft XI. Seelze 1993

Mauthe-Schonig, D./ Schonig, B./ Speichert, M.: Mit Kindern lesen. Weinheim und Basel 1984

Mauthe-Schonig, D./ Schonig, B./ Speichert, M.: Unterrichten mit Geschichten. Weinheim und Basel 1991

Meyer, H.: Unterrichtsmethoden. Frankfurt 1987

Pallasch, R.: Pädagogische Werkstattarbeit. München 1990

Reichen, J.: Lesen durch Schreiben. Heft 2. Hamburg 1988

Wittmann, E.Ch./ Müller, G.N.: Handbuch produktiver Rechenübungen, Band 1. Stuttgart und Düsseldorf 1990

Quellenverzeichnis

Texte

Guggenmoos, Josef: Gruselgedicht (S.18). Aus: Kindergedichte. Hrsg: Margret Rettich. – Otto Maier Verlag, Ravensburg. Rechte beim Autor. –. Das Geisterschloß (S.18). Aus: Kindergedichte. Hrsg.:Margret Rettich. – Otto Maier Verlag, Ravensburg. Rechte beim Autor.

Halbey, Hans Adolf: Pimpernelle Zwiebelhaut (S.20). Aus: Pampelmusensalat. – Beltz Verlag, Weinheim und Basel. Rechte beim Autor.

Preußler Otfried: Die kleine Hexe lernt Hexen (S.23, Ausschnitt). Aus: Die kleine Hexe. – © by K. Thienemanns Verlag, Stuttgart – Wien. –. Fast ein Wunder (S.22, Ausschnitt). Aus: Das kleine Gespenst. – © by K. Thienemanns Verlag, Stuttgart – Wien.

Rechlin, Eva: Die Druden (S.19). Aus: Kindergedichte. Hrsg.: Margret Rettich. – Otto Maier Verlag, Ravensburg. Rechte bei der Autorin.

Stiemert, Elisabeth: Meine Großmama ist Hexe (S.20). Aus: Schnick Schnack Schabernack. – Stalling Verlag, Oldenburg. Rechte bei der Autorin.

Lieder

Hachfeld, Rainer (Text)/ Konrad, Bernd (Melodie). Was klingt denn da … (S.36). Aus: Praxis Grundschule, Heft 3, 1979. Rechte bei den Autoren.

Jehn, Margarete (Text)/ Jehn, Wolfgang (Melodie). Die alte Moorhexe (S.37). Aus: Unser Liederbuch Quartett 3. – Ernst Klett Schulbuchverlag, Stuttgart. © Eres Edition, Lilienthal/ Bremen.

Kemming, Katharina (Text und Melodie). Wer hat so grauslig …? (S.36) Aus: Unser Musikbuch Quartett 3. – Ernst Klett Schulbuchverlag, Stuttgart. Rechte bei der Autorin.

Vahle, Fredrik (Text und Melodie). Das Gespensterkind (S.38). Aus: Grundschullehrer, Heft 4, 1986. © Aktive Musik Verlagsgesellschaft-mbH, Dortmund.

1. Auflage   1 5 4 3 2 1 | 1998 97 96 95 94

Die letzte Zahl bezeichnet das Jahr dieses Druckes.
© Ernst Klett Schulbuchverlag GmbH,
Stuttgart Düsseldorf Berlin Leipzig 1994
Alle Rechte vorbehalten.

Redaktion: Christine Thirase-Nitzschke, Herrenberg

Grafik: Helga Merkle
Satz: DTP (QuarkXPress)
Druck: Wilhelm Röck, Weinsberg
ISBN 3-12-196103-9

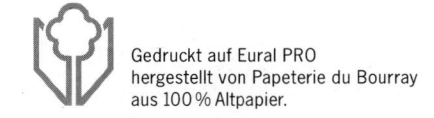

Gedruckt auf Eural PRO
hergestellt von Papeterie du Bourray
aus 100% Altpapier.

Inhalt

1	**Lehren und Lernen im Werkstattunterricht**	4
1.1	Einleitung	4
1.2	Was ist Werkstattunterricht?	5
1.3	Zu unseren bisherigen Erfahrungen mit dieser Unterrichtsform	6
1.4	Vorbereitung einer Werkstatt	7
2	**Die Gruselwerkstatt**	9
2.1	Integrative Aspekte der Gruselwerkstatt	9
2.2	Zum Unterrichtsverlauf	11
2.3	Umgang mit Kopiervorlagen und Auftragskarten	12
3	**Kommentiertes Werkstattmaterial**	13
3.1	Unheimliches Lesen und Schreiben	13
3.2	Rechnen ist (k)eine Hexerei	29
3.3	Zauberhaftes Gestalten	33
3.4	Gruselige Klänge	34
3.5	Schaurig-schönes Spielen	39
3.6	Fürchterliches Gespenster- und Hexenfest	41
3.7	Merk-würdige Rückschau	43
4	**Kopiervorlagen**	

Hinweis:
Auf der Randspalte werden die Querverweise
auf die zu den Arbeitsaufträgen gehörenden
Kopiervorlagen wie folgt bezeichnet:

1 Lehren und Lernen im Werkstattunterricht

1.1 Einleitung

Mit unserer Gruselwerkstatt möchten wir ein ganzheitliches, schülerorientiertes und fächerübergreifendes Unterrichtsangebot vorstellen, das wir selbst in der Praxis erprobt haben.

Wir wollen mit dieser Unterrichtsform eine Alternative zum herkömmlichen Unterricht im „traditionellen" Sinne aufzeigen und damit dazu beitragen, Kinder zu selbständigem und verantwortungsbewußtem Handeln hinzuführen. Die Kinder planen und gestalten zunehmend ihren Unterricht mit und lernen in sinnvollen Zusammenhängen. So erleben sie Schule als Lern-, Lebens- und Erfahrungsraum. Das Wesentliche unseres pädagogischen Ansatzes besteht in dem Vertrauen in die Entwicklungsprozesse der Kinder. Die Gestaltung der Werkstatt ist somit unsere wichtigste Aufgabe.

Wir möchten Lehrerinnen und Lehrern Mut machen, sich auf die Unterrichtsform „Werkstattunterricht" einzulassen und neue und spannende Wege in ihrer Unterrichtsarbeit zu erproben.

Zum Thema

In unserer pädagogischen Arbeit erfahren wir immer wieder, daß Kinder fasziniert sind vom „Unheimlichen". Sie fahren gerne mit der Geisterbahn, verkleiden sich gespenstisch, hören und lesen gruselige Geschichten, haben Spaß daran, jemanden im Spiel zu erschrecken, bauen sich Höhlen und verstecken sich darin, empfinden gemeinsame „angstvolle" Situationen als schön schaurig, z. B. Nachtwanderungen bei Jugendherbergsaufenthalten, kurz: Sie gruseln sich gerne.

Dieser persönliche emotionale Bezug veranlaßte uns, das „Gruselige" mit unseren Kindern in einer Werkstatt zu thematisieren.

Wann setze ich die Gruselwerkstatt ein?

Die Gruselwerkstatt läßt sich zu verschiedenen Zeitpunkten innerhalb eines dritten oder vierten Schuljahres einsetzen.

Wir haben dafür den „geheimnisvollen" November gewählt. Die Natur zeigt sich von ihrer schaurigen Seite: Die Tage werden kürzer und die Nächte länger; Nebel und Regen begleiten die Kinder auf ihrem Schulweg. Es ist die Zeit für Gespenster- und Hexengeschichten.

Andere Anlässe für den Einsatz der Gruselwerkstatt können auch der Karneval, ein Klassen- oder Schulfest oder eine Jugendherbergsfahrt sein.

Damit die durch diese Unterrichtsform angestrebten pädagogischen Ziele erreicht werden können, ist die emotionale Bindung der Kinder an die Thematik wichtig. Die Inhalte der Gruselwerkstatt sind diesbezüglich sehr motivierend; Lehrer und Kinder hatten an der gemeinsamen Arbeit viel Spaß, den wir auch unseren Leserinnen und Lesern bei ihrer unterrichtspraktischen Umsetzung wünschen.

1.2 Was ist Werkstattunterricht?

Was verstehen wir unter Werkstattunterricht?

Unter Werkstattunterricht verstehen wir ein offenes, themengebundenes Unterrichtsangebot, das von der Neugier und den Interessen der Kinder geprägt ist. Die Kinder bringen ihre eigenen Ideen zu einem Werkstatt-Thema mit ein und entwickeln dazu, zusammen mit der Lehrerin/dem Lehrer, vielfältige Arbeitsmöglichkeiten. Daraus ergibt sich:

- Die Kinder arbeiten selbstbestimmt. Sie sind verantwortlich für ihre eigene Unterrichtsarbeit und ihren Lernprozeß.
- Die Lehrerin/der Lehrer erhält einen genaueren Einblick in die Zugangsweise der Kinder zu den Unterrichtsinhalten und in ihre Lernprozesse.

So können Lehrerinnen und Lehrer zusammen mit ihrer Schulklasse vielfältige Lernerfahrungen machen und diese für ihre weitere Unterrichtsarbeit nutzen.

Merkmale von Werkstattunterricht

Werkstattunterricht „... meint einen Unterricht in der Art einer Werkstatt:

- in einer Werkstatt wird gearbeitet
- nicht alle Mitarbeiter machen das gleiche
- hier ist ein Handwerker allein, dort sind drei zusammen an einer Arbeit
- nicht überall arbeitet der Meister mit.

Analog ist es beim Werkstattunterricht:
- die Schüler arbeiten
- sie arbeiten an Verschiedenem
- sie arbeiten allein oder in Gruppen und
- sie arbeiten z. T. selbständig, d. h. ohne Lehrerin" (Reichen 1988, S. 17).

Bei der Arbeit in unseren Werkstätten stellen wir immer wieder fest, daß die Kinder stark motiviert sind, am Thema zu arbeiten. Sie zeigen selbst Initiative, etwas zum Thema beizutragen und sind mit allen ihren Sinnen bei der Sache.

Vorteile von Werkstattunterricht

Kurz zusammengefaßt bietet Werkstattunterricht folgende Vorteile:

- Das Selbstvertrauen und die Selbständigkeit der Kinder werden gefördert, weil sie individuell entscheiden können, was sie unternehmen möchten.
- Das entdeckende Lernen wird begünstigt.
- Das Lernen wird intensiviert, weil die meisten Schüler gleichzeitig aktiv sind.
- Die Sachmotivation wird gefördert.
- Das Lernen nach eigenem Tempo wird ermöglicht.
- Unterschiedliche Lernwege der Kinder werden stärker berücksichtigt.
- Die Arbeitshaltung der Kinder kann sich verbessern.
- Die Lehrerin/der Lehrer erhält Zeit für Beobachtungen.
- Die Kinder lernen das Lernen.
- Die Eltern können in das Unterrichtsgeschehen eingebunden werden.

Tips für das Gelingen von Werkstattunterricht

Damit Werkstattunterricht gelingt, muß die Lehrerin/der Lehrer bedenken:

- Das Lernangebot soll für die Kinder übersichtlich sein, damit sie sich gut zurechtfinden können.
- Kinder mit weniger gefestigter Arbeitshaltung brauchen bei ihrer Arbeit mehr Unterstützung und häufigere Rückmeldung.
- Das Lehrerverhalten ist durch das Prinzip der minimalen Hilfe gekennzeichnet. Die Kinder sollen ihre Lehrerin/ihren Lehrer als Berater empfinden.
- Die Anforderungen an die Lehrerin/den Lehrer bei der Planung und der Durchführung des Werkstattunterrichts sind hoch. Wir empfehlen, Werkstattunterricht zusammen mit Kollegen zu planen.

1.3 Zu unseren bisherigen Erfahrungen mit Werkstattunterricht

1. Schuljahr: Methode „Lesen durch Schreiben"

Im 1. Schuljahr haben wir mit der Methode „Lesen durch Schreiben" gearbeitet (vgl. Reichen 1988). Dadurch konnten wir uns mit dem Werkstattunterricht auseinandersetzen und erste eigene Erfahrungen mit dieser Unterrichtsform sammeln. Die Themen dieser ersten Werkstätten hatten zum größten Teil einen jahreszeitlichen Bezug (Herbst-, Weihnachts-, Osterwerkstatt).

2. Schuljahr: Methode „Unterrichten mit Geschichten"

Aufgrund unserer positiven Erfahrungen mit Werkstattunterricht im 1. Schuljahr wollten wir im 2. Schuljahr den Aspekt des fächerübergreifenden, themengebundenen Unterrichts noch stärker in den Vordergrund stellen. Bei der Suche nach geeignetem Unterrichtsmaterial kamen wir auf die Idee, Geschichten zum Ausgangspunkt unserer unterrichtlichen Arbeit zu machen. Wir suchten geeignete Kinderbücher (Ganzschriften), die uns eine Grundlage für die Unterrichtsarbeit bieten sollten. Beim Lesen dieser Ganzschriften (kapitelweises Vorlesen durch den Lehrer) mußten sich die Kinder im Gespräch stark mit den Inhalten der einzelnen Ganzschriften auseinandersetzen. Daraus entwickelten Kinder und Lehrerin/Lehrer Arbeitsvorschläge für die unterrichtliche Arbeit, z. B. Nachlesen bestimmter Sequenzen aus der Ganzschrift, freies Schreiben zu einem Bild aus dem Buch, Erfinden neuer Geschichten, verschiedene Mal- und Bastelarbeiten, passende Lieder u. a.

Ideen der Kinder bestimmen den Unterricht

Im Laufe des zweiten Schuljahres zeigten die Kinder immer vielfältigere Ideen zur Mitgestaltung des Unterrichtes. Sie erfuhren, daß wir ihre Beiträge zum Unterrichtsgeschehen ernst nahmen, weil ihre Vorschläge von uns aufgegriffen und in der weiteren Unterrichtsarbeit umgesetzt wurden. Auch ihre emotionale Bindung an das Unterrichtsgeschehen verstärkte sich. Die Kinder planten „ihre" eigenen Werkstätten.

Die Arbeit an diesen Werkstätten nahm jetzt den größeren Zeitraum der Unterrichtsarbeit ein.

3. Schuljahr: Methode „Werkstattunterricht"

Da uns die Arbeit mit den Kinderbüchern sehr überzeugte, entschieden wir uns, auch im 3. Schuljahr Geschichten zum Ausgangspunkt unserer unterrichtlichen Arbeit zu machen. Wir suchten Rahmenthemen, die im Zusammenhang mit diesen Geschichten stehen, und machten sie zum Inhalt unseres Werkstattunterrichts (Kinder aus anderen Ländern, Gespenster, Freunde u. a.). Wir planten aber auch Werkstätten ohne den Rückgriff auf Kinderliteratur. Einige Werkstätten entstanden aus anderen schulischen Akivitäten (z. B. Karnevalswerkstatt, Herbstwerkstatt als jahreszeitlich bedingtes Thema, Vogelwerkstatt im Rahmen eines Klassenausfluges zu einem Wildgehege u. a.).

4. Schuljahr: Methode „Werkstattunterricht"

Zu Beginn des vierten Schuljahres sammelten wir mit den Kindern Wünsche zu Werkstatt-Themen. Die einzelnen Vorschläge stellten wir zu verschiedenen Oberthemen zusammen, so daß sich für dieses Schuljahr etwa zehn Werkstätten ergaben. Wir entwickelten zu jedem Thema ein Integrationsmodell (vgl. Kap. 2.1), in dem wir Ziele und Inhalte fächerübergreifend zusammenstellten. Wir konnten mit Freude beobachten, daß die Kinder immer eigenverantwortlicher und kompetenter an ihre Arbeiten herangingen und zunehmend in der Lage waren, ihre eigenen Lernprozesse zu organisieren.

Diese Erfahrungen bestätigen, daß das Lernen in Werkstätten den kindlichen Lernbedürfnissen sehr entgegenkommt.

1.4 Vorbereitung einer Werkstatt

Der Klassenraum wird Werkstatt

In unseren Klassenräumen haben wir eine Werkstattecke eingerichtet, in der wir unsere Lernangebote möglichst übersichtlich und ansprechend präsentieren. Ein Plakat informiert über das aktuelle Werkstatt-Thema. Passende Poster, Bilder, Aufkleber, Comics usw. schmücken die Werkstattecke aus. Die Gestaltung einer Werkstatt im Klassenraum hängt von den räumlichen Bedingungen ab, die die Kinder und ihre Lehrerin/ihr Lehrer vorfinden; hier ist die Phantasie der Beteiligten gefordert. In unseren Werkstattecken steht den Kinder immer vielfältiges Material zur Verfügung, das sie bei der Arbeit an den unterschiedlichen Werkstatt-Themen nutzen können. Das sind z. B. Pappen, farbige Tonpapiere, Transparent-, Seiden- und Kreppapier, Pauspapier, Schreibpapier, Stoffreste, Wolle, Klebstoff, Krimskrams, Abtönfarben, Fensterfarben, Werkzeugkiste, Ton, Knete, Verkleidungskiste ...

Arbeitsvorschläge der Lehrerin/des Lehrers

Nachdem wir uns für ein bestimmtes Werkstatt-Thema entschieden haben, besteht die Aufgabe der Lehrerin/des Lehrers darin, Material zu sichten und für die Werkstatt entsprechend aufzuarbeiten. Dabei nutzen wir sämtliche uns zur Verfügung stehenden Quellen, wie z. B. Kinder-, Schul-, Sach-, Bastel- und Liederbücher, Kinder- und Lehrerzeitschriften und andere Hilfsmittel. Bei der Auswahl der Lernangebote berücksichtigen wir Leistungsstand und Situation der Klasse sowie die zur Verfügung stehende Zeit und die unterrichtliche Berechtigung des Themas (Richtlinienbezug).

Damit die Arbeitsmaterialien zu einem Werkstattangebot werden, müssen sie mit einer Werkstatt- oder Auftragskarte versehen werden, die über Auftrag, Arbeitsform und Material informiert.

Wichtig für uns ist, daß die Lernangebote nicht nur aus „Papier" bestehen, sondern Möglichkeiten zu handelndem, kreativem Umgang mit dem Thema bieten. Das kann bedeuten, daß einzelne Lernangebote auch außerhalb des Klassenzimmers wahrzunehmen sind.

Arbeitsvorschläge der Kinder

Bevor wir unser vorbereitetes Material in der Werkstatt aufbauen, geben wir den Kindern das aktuelle Werkstatt-Thema bekannt und fordern sie auf, sich zu diesem Thema mögliche Arbeiten zu überlegen. Die Ideen der Kinder werden gesammelt, vorgestellt und besprochen, wobei zu klären ist, ob ein Arbeitsvorschlag inhaltlich zum Thema paßt und ob er durchführbar ist. Die Vorschläge werden auf einem Plakat aufgelistet und ausgehängt, damit die Kinder sich während der gesamten Werkstattarbeit immer wieder über ihre Arbeitsmöglichkeiten informieren können.

Ideen, die von den Kindern kommen können, sind z. B. Geschichten schreiben, Geschichten lesen, Bücher machen, Bücher lesen, Theater spielen, Merkwörter für unseren Grundwortschatz zum Thema finden und üben, Diktat erfinden, basteln, malen, mit Ton arbeiten.

Diese Art des Vorgehens hat den Vorteil, daß die Kinder auf das Werkstatt-Thema emotional eingestimmt werden und eigenes Material sammeln können.

Die Arbeitsvorschläge der Kinder decken sich in vielen Fällen mit unseren vorbereiteten Materialien. Sind ihre Ideen in unserem Angebot noch nicht berücksichtigt, dann müssen wir diese unbedingt didaktisch und methodisch aufbereiten. Das bedeutet auch, daß die Kinder selbst Lernerfahrungen in der Auseinandersetzung mit ihren Arbeitsvorschlägen machen können, bei denen wir uns gezielt zurückhalten. Gerade hierdurch erfahren die Kinder, daß wir ihre Beiträge ernst nehmen und sie an der Unterrichtsplanung teilhaben lassen.

Unterrichtsideen — Lehren und Lernen im Werkstattunterricht

Rundgang durch die Werkstatt

Ist die Werkstatt mit den aufbereiteten Materialien eingerichtet, erhalten die Kinder die Gelegenheit, sich über das Lernangebot zu informieren (gemeinsamer Rundgang, evtl. knappe Erklärungen seitens der Lehrerin/des Lehrers).

Jedes Kind muß sich nun entscheiden, mit welcher Arbeit es beginnen möchte. Geübtere „Werkstattkinder" können sich auch zu Beginn der Werkstatt einen Arbeitsplan für die gesamte Dauer der Werkstatt aufstellen, den sie natürlich noch ergänzen oder verändern können. So lernen sie es, ihr eigenes Arbeitsvermögen und Arbeitstempo besser einzuschätzen.

Pflicht- und Wahlaufgaben

Die Kinder, die ein gemeinsames Thema gewählt haben, sollten auch gemeinsam an einem Partner- oder Gruppentisch arbeiten können. Das bedeutet, daß sich die Sitzordnung immer wieder verändert. So stellen die Kinder auch fest, mit wem sie gut zusammenarbeiten können.

Die Kinder dürfen ihre Arbeiten überwiegend frei wählen. Einige Aufgaben stellen wir jedoch für alle Kinder verbindlich, wenn sie als Basis für gemeinsames Tun dienen. In der Gruselwerkstatt können es folgende sein:
– das Lied „Die alte Moorhexe" lernen,
– Berechnungen zum eigenen Gespenster- und Hexenfest durchführen,
– die Gespensterlaterne basteln,
– eine Gespenster- oder Hexengeschichte schreiben,
– Gespenster- und Hexenmerkwörter üben,
– sich als Hexe verkleiden.

Die Auftragskarten dieser Pflichtaufgaben sind entsprechend gekennzeichnet.

Den jeweiligen Anteil von Pflicht- und Wahlaufgaben müssen Lehrerinnen und Lehrer mit ihrer Klasse individuell bestimmen, wobei die Kinder tatsächlich an dieser Entscheidung teilhaben sollen. Nach unseren Erfahrungen wählen die Kinder auch die *uns* wichtigen Aufgaben im Laufe der gesamten Werkstattarbeit zu unterschiedlichen Zeitpunkten aus, so daß nur wenige Aufgaben zur Pflicht gemacht werden müssen.

Offenheit für Veränderungen

Eine Werkstatt ist nicht von Anfang an „fertig"; sie entwickelt sich in ihrem Ablauf! Bestimmte Materialien finden großen Zulauf, andere vielleicht gar keinen. Aufgrund neuer Ideen kommen weitere Angebote hinzu. Offenheit für Veränderungen während der Werkstattarbeit ist ein wesentliches Element dieser Unterrichtsform.

2 Die Gruselwerkstatt

2.1 Integrative Aspekte der Gruselwerkstatt

Neben der materiellen Vorbereitung der Werkstatt müssen der Gesamtaufbau und die Ziele der fächerübergreifenden Werkstattarbeit grob strukturiert werden. Dies haben wir im Anschluß mit Hilfe einer Themen- und Zielsammlung, aufgeteilt nach den beteiligten Lernbereichen, vorgenommen.

Einzelne Ziele entnehmen Sie bitte den möglichen Arbeitsvorschlägen, die zu den Kopiervorlagen und den Gedichten, Liedern und Lesetexten in Kap. 3 erläutert werden. Wir haben sie aus Gründen der Übersichtlichkeit nicht in das Integrationsmodell eingefügt.

Einige Ziele können an mehreren Inhalten gleichzeitig festgemacht werden (z. B. Regelabsprachen treffen, Schreiben zu Bildvorlagen, Bücher ausleihen und lesen u. a.).

Zum Thema „Hexerei – gab/gibt es die?" möchten wir folgendes anmerken:

Werden diese oder ähnliche Fragen von den Kindern einer Klasse angesprochen, müssen sie natürlich thematisiert werden. Dies sollte nach unserer Meinung in einem klärenden Kreisgespräch geschehen, kann aber auch weiter vertieft werden durch entsprechende Sachinformationen, die die Lehrerin/der Lehrer den Kindern bereitstellt.

Wir haben auf eine Zusammenstellung von Informationsmaterial zu dieser Frage verzichtet, weil wir meinen, daß jede Lehrerin/jeder Lehrer selbst einschätzen muß, was der jeweiligen Klasse kognitiv und seelisch zugetraut werden kann (Magie, Hexenverfolgung, ...). Wir glauben, daß wir in diesem Zusammenhang unseren Kindern eine ihrem Alter entsprechende Sichtweise bewahren sollten.

Musik/Tanz/Kunst

- Lieder lernen und singen
- Hexeneinmaleins klanglich gestalten
- Hexentanz einstudieren und vorführen
- Gruselkabinett im Rahmen eines Klassen- oder Schulfestes gestalten
- ein Gruselhaus bauen und beleuchten
- Gespensterlaternen basteln

- Tuchgespenst (Marionette) basteln
- Gespenster aus Papiertaschentüchern reißen
- Moorhexe als Puppe basteln
- Hampelhexe basteln
- Gespenster- und Hexeninstrumente erfinden und basteln
- Gruseliges durch kalte Farben ausdrücken
- Bücher herstellen

Unterrichtsideen	Die Gruselwerkstatt	
Mathematik	Sachaufgaben mit Gespenstern und Hexen erfinden	Berechnungen zu einem Gespenster- und Hexenfest durchführen
	mit magischen Zahlen spielen (Zauberquadrat)	
Sachunterricht	Erfahrungen zum Thema austauschen	Spiele nach Spielanleitung in der Gruppe spielen
	Begriffsklärungen	Gespenster- oder Hexenfest planen und durchführen
	Hexerei – gab/gibt es die?	Geheimschriften ver- und entschlüsseln
	einfachen Stromkreis mit Schalter bauen	Versuche mit Licht und Schatten
Mündlicher Sprachgebrauch	sich frei äußern	nach Texten szenisch spielen
	sich sachbezogen verständigen	Gespenstertheater selbst erfinden und szenisch spielen
	aktiv zuhören	
	vorhandene Kenntnisse austauschen und erweitern	Konflikte im Umgang miteinander lösen
	Arbeitsergebnisse vorstellen	Regelabsprachen treffen
	die eigene Arbeitsweise reflektieren	Werkstatt kritisch beurteilen
Schriftlicher Sprachgebrauch	Gespenstergeschichten und Hexengeschichten frei schreiben	Lückentexte ausfüllen
		Gedichte selbst schreiben
	Angstgeschichten frei schreiben	Merkwörter rechtschriftlich üben
	zu Bildvorlagen schreiben	Diktat erfinden
	Bastelanleitungen schreiben	Texte rechtschriftlich überarbeiten
	Geheimschriften schreiben	Inhaltsverzeichnis für eine Sammelmappe schreiben
	Werkstattarbeit schriftlich beurteilen	
Umgang mit Texten	Gespenster-, Hexen-, Grusel-Gedichte lesen und betont vortragen	Geheimschriften lesen
		Texte der Mitschüler lesen
	Reimwörter suchen	Texte der Mitschüler bewerten (Schreibkonferenz)
	Texte um- und neugestalten	
	Spielanleitungen lesen	Arbeitsaufträge lesen
	Bücher ausleihen und lesen	Gebrauchstexte lesen
	Gespenster- und Hexengeschichten lesen	die gelesenen Geschichten und Bücher vorstellen

2.2 Zum Unterrichtsverlauf

Wie sieht die Werkstattarbeit der Kinder an einem Vormittag aus?

Der Schultag beginnt sofort oder nach einem offenen Unterrichtsanfang mit dem Morgenkreis. Hier wird der weitere Tagesablauf geklärt, Lieder werden gesungen, zu Hause beendete Arbeiten und von den Kindern mitgebrachte, neue Materialien werden vorgestellt, die Arbeitsvorhaben jedes einzelnen Kindes kurz besprochen. Die Kinder nehmen dann ihre Arbeit in der Werkstatt für den ganzen Schultag einzeln, mit dem Partner oder in der Kleingruppe auf.

Im Laufe des Vormittags wechseln sich freie und gebundene Phasen ab. Unter freien Phasen verstehen wir die Zeiten, in denen die Kinder individuell und selbständig an ihren Wahl- oder Pflichtaufgaben arbeiten. Gebundene Phasen ergeben sich immer dann, wenn die ganze Klasse gemeinsam an einer Aufgabe arbeitet, z.B. gemeinsam ein Lied singen, Texte vorlesen, anhören und besprechen, Arbeitsergebnisse vorstellen und besprechen.

Sollte aus organisatorischen Gründen der Schultag durch Fachunterricht unterbrochen sein, so wird für diese Zeit nicht in der Werkstatt gearbeitet. Günstig ist es, wenn Fachlehrerin oder Fachlehrer in ihrem Unterricht das Werkstatt-Thema berücksichtigen können.

Konkret könnte die Arbeit der Kinder in der Werkstatt für den Schultag folgendermaßen aussehen:

- Vier Kinder proben ein Theaterstück,
- zwei Kinder lesen gemeinsam das Hexeneinmaleins,
- fünf Kinder basteln aus Textilresten die alte Moorhexe,
- drei Kinder schreiben an ihrem Gespensterbuch und illustrieren es,
- zwei Kinder lesen eine Gespenstergeschichte,
- ein Kind übt seine Rechtschreibmerkwörter,
- zwei Kinder erfinden mit ihren Merkwörtern ein Gespensterdiktat,
- vier Kinder spielen gemeinsam das Gesellschaftsspiel „Hexentanz".

Im Laufe des Vormittags können die Kinder diese Tätigkeiten beenden und mit neuen Arbeiten beginnen. Pflicht ist, daß eine begonnene Arbeit auch sorgfältig fertiggestellt wird. Die qualitative Bewertung einer Arbeit erfolgt später im Gesprächskreis.

Aufgaben der Lehrerin/des Lehrers

Während der freien Arbeitsphasen hilft die Lehrerin/der Lehrer einzelnen Kindern und Kindergruppen bei ihrer Arbeit, beobachtet, gibt Tips zur Weiterarbeit, greift neue Schülerideen auf, berät bei der Wahl einer neuen Arbeit, weist auf noch nicht erledigte Pflichtaufgaben hin. Bei Schwierigkeiten mit der Handhabung einer Aufgabe verweist sie/er immer zuerst auf ein Spezialistenkind und hält sich zunächst mit Hilfen zurück.

Reflexion über die Werkstattarbeit

Der Schultag endet wieder mit einem Gesprächskreis. Die angefertigten Arbeiten werden vorgestellt und bewertet. Hieraus ergibt sich oft eine Vorschau auf die Arbeit des kommenden Tages und die dafür nötige Vorbereitung am Nachmittag zu Hause. Diese Phasen des gemeinsamen Zusammenkommens sind wichtig für die Kinder und die Lehrerin/den Lehrer, weil sie hier ihre Ideen austauschen können, Rückmeldungen über ihre Arbeiten erhalten und auch Anregungen für neue Arbeiten aufgreifen können. Wichtig für uns ist es, daß die Kinder durch diese gemeinsamen Phasen immer wieder erfahren, daß ihre einzelnen Arbeiten einen gemeinsamen thematischen Bezug aufweisen, und sie sich durch diesen Bezug kognitiv und emotional verbunden fühlen.

| *Unterrichtsideen* | Die Gruselwerkstatt |

Dauer der Werkstattarbeit

Je nach Umfang und Schwerpunkt kann die Arbeit an einem Werkstatt-Thema zwischen zwei und vier Wochen umfassen. Dabei hängt die Dauer auch stark von den beigesteuerten Ideen ab, von der Arbeitsintensität und der emotionalen Identifikation mit dem Thema. Den Abschluß einer Werkstatt bildet eine gemeinsame Reflexion über die getane Arbeit. Die Kinder berichten, was ihnen besonders gut und was ihnen weniger gefallen hat. Sie äußern sich über den Schwierigkeitsgrad einzelner Aufgaben und bewerten die gesamte Werkstattarbeit mündlich und schriftlich kritisch.

Was passiert mit den fertigen Arbeiten?

Alle Werkstattergebnisse werden von den Kindern in einem Ordner gesammelt und am Ende der Werkstatt zu einem Buch mit Inhaltsverzeichnis und Abschlußkritik gebunden. Sie können das Inhaltsverzeichnis nach der täglichen Arbeit als Arbeitsprotokoll mit Datum stichwortartig führen. Es ist auch möglich, die Werkstattergebnisse eines ganzen Schuljahres in einem Ordner zu sammeln und am Ende des Schuljahres zu einem Werkstattsammelband zu binden.

Bastelarbeiten, Zeichnungen, selbst hergestellte Spiele, Tonarbeiten u. a. werden für die Dauer der Werkstattarbeit oder darüber hinaus im Klassenraum oder in der Schule ausgestellt.

2.3 Umgang mit Kopiervorlagen und Auftragskarten

Vorbereitung der Kopiervorlagen

Wenn Sie Ihre Gruselwerkstatt aufbauen, suchen Sie sich das für Ihre Klasse geeignete Material heraus. Entfernen Sie die Zahlen auf den Kopiervorlagen, denn ihre Numerierung bedeutet auf keinen Fall, daß sie in dieser Reihenfolge aufgebaut und bearbeitet werden. Kopieren Sie die Vorlagen nicht in Klassenstärke, sondern zunächst nur fünffach, weil nicht jedes Arbeitsblatt von jedem Kind bearbeitet werden wird. Nach Bedarf können Sie noch weitere Kopien später anfertigen. Stecken Sie diese Kopien in Sichthüllen, damit sie nicht durcheinandergeraten. Wichtig für Sie und die Kinder: Die letzte Kopie muß in der Sichthülle bleiben, weil sie eventuell als neue Kopiervorlage dient.

Herstellung der Auftragskarten

Zu jeder Kopiervorlage gehört eine passende Auftragskarte. Kopieren Sie das Muster für die Auftragskarten für jede von Ihnen ausgewählte Arbeit einmal. Suchen Sie sich einen passenden Arbeitsauftrag aus und schreiben Sie ihn auf die Karte. Es ist auch möglich, verschiedene Aufträge zur Wahl anzubieten. Natürlich können Sie sich auch eigene Aufträge ausdenken und aufschreiben.

Knicken Sie die Auftragskarten in der Mitte und stellen Sie diese hinter den Kopien und den dazugehörenden Werkstattmaterialien auf.

3 Kommentiertes Werkstattmaterial

Strukturierung des Werkstattmaterials nach Arbeitsbereichen

Das Unterrichtsmaterial für die Gruselwerkstatt ist nach Schwerpunkten geordnet, damit Sie sich besser orientieren können. Diese Strukturierung ist nicht immer eindeutig, weil die Arbeitsvorschläge zu den Kopiervorlagen sich auf unterschiedliche Arbeitsbereiche beziehen können. Auf jeden Fall müssen Sie darauf achten, daß Sie in Ihrer Werkstatt alle Arbeitsbereiche anbieten. Werkstattunterricht ist immer fächerübergreifend!

Wenn Sie beim Aufbau Ihrer Werkstatt diese oder eine ähnliche Strukturierung beibehalten, kann dies auch eine Hilfe für die Kinder Ihrer Klasse sein, sich in ihrer Werkstatt besser zurechtzufinden. Das Material, das zum gleichen Arbeitsbereich gehört, kann auch im gleichen Regal oder auf dem gleichen Tisch präsentiert werden.

Vergessen Sie bitte nicht, die Arbeitsvorschläge Ihrer Kinder in diese Strukturierung miteinzubeziehen! Wir wünschen uns, daß unser Material in dieser Weise und durch Ihre eigenen Ideen ergänzt wird.

3.1 Unheimliches Lesen und Schreiben

Zu diesem Arbeitsbereich finden Sie Kopiervorlagen und Materialien, die die Kinder anregen sollen, Gedichte, Texte und Kinderbücher zu lesen, Geschichten frei bzw. nach Vorgaben zu schreiben, Geheimschriften zu lösen sowie Merkwörter und ein Diktat zu üben.

Bücherkiste

Die Materialsammlung beginnt mit einer Zusammenstellung von Buchtiteln, die zur Gruselwerkstatt passen. Diese oder andere für das Thema geeignete Bücher stellen Sie bitte zu Beginn der Werkstattarbeit in einer Bücherkiste zusammen. Sie bildet eine zentrale Stelle in der Werkstatt und sollte den Kindern jederzeit zur Verfügung stehen.

Ganzschriften führen die Kinder zum Lesen von längeren, in sich abgeschlossenen Geschichten und somit zu einer gewissen Arbeitsausdauer, was das Verfolgen, Reflektieren und Bearbeiten von Text und dargestellter Handlung anbelangt. Durch den Umgang mit Büchern können die Kinder erleben, daß das Lesen ein Lernweg ist, der Spaß macht. Motivation zum Lesen entsteht natürlich nur dann, wenn die Kinder von der Thematik fasziniert sind.

Auf diese Weise wird eine positive Lesehaltung angebahnt, und die Kinder lernen, Bücher vielfältig zu nutzen: zur Unterhaltung, als Informationsquelle, zur Weitergestaltung.

Gedichte

Besonders wichtig sind in der Gruselwerkstatt die Gedichte, weil sie Laut- und Sprachspielereien beinhalten oder hervorrufen. Bedingt durch ihre Thematik können die Kinder sie individuell betonen und szenisch spielen. Grundsätzlich sehen wir hier eine gute Gelegenheit, Kindern Lyrik anzubieten und einen kreativen Umgang mit dieser Textsorte zu fördern.

Die Gedichte von J. Guggenmos, E. Rechlin, H. A. Halbey und E. Stiemert (S.17-21) sind nicht als Kopiervorlage beigefügt. Damit Sie sie in Ihrer Gruselwerkstatt einsetzen können, müssen Sie die Texte entsprechend aufbereiten.

| *Unterrichtsideen* | Unheimliches Lesen und Schreiben |

Freies Schreiben von Geschichten

Sorgen Sie für eine positive Schreibatmosphäre während der Werkstattarbeit, in der die Kinder ihre Geschichten frei schreiben können. Die Geschichten sollten von den Kinderinteressen, -wünschen, -erfahrungen und -fragen geleitet sein. Zum Schreiben und Überarbeiten benötigen die Kinder viel Zeit (vgl. Anmerkungen S. 24).

Diese Art der Textproduktion erfordert von Ihnen, sich auf die Schreibentwürfe der Kinder einzulassen, d. h. die Ideen der Kinder und auch ihre kindliche Sprache zu akzeptieren.

Merkwörter und Grundwortschatz

Auch der Bereich Rechtschreiben wird im Werkstattmaterial berücksichtigt (vgl. Anmerkungen S.27). Sie können die Kopiervorlagen so verwenden, wie sie angeboten sind; darüber hinaus sollten auch die Merkwörter der Kinder rechtschriftlich gesichert und in den Grundwortschatz der Klasse einbezogen werden.

Ideal ist es, aufgetretene Rechtschreibprobleme in den von den Kindern frei geschriebenen Geschichten individuell anzugehen.

Kinderbücher zur Gruselwerkstatt

Die Bücherliste auf der folgenden Seite soll Ihnen bei der Auswahl geeigneter Kinderbücher zum Thema helfen. Diese Zusammenstellung ist natürlich nicht vollständig, sondern kann ergänzt bzw. verändert werden. Dabei ist es nicht nötig, sich diese Bücher zu kaufen. Sie können – soweit vorhanden – von den Kindern und der Lehrerin/dem Lehrer von zu Hause mitgebracht oder in Büchereien am Ort ausgeliehen werden. Hierdurch erhalten die Kinder die Chance, selbst einmal in eine Bücherei hineinzuschnuppern, diese für ihre Arbeit in Anspruch zu nehmen und sie als Erweiterung ihres Lebensbereiches zu erfahren.

In einigen Büchereien besteht die Möglichkeit, sich für Schulen Medienpakete zu einem bestimmten Thema zusammenstellen zu lassen.

Mögliche Arbeitsaufträge zu den Hexen- und Gespensterbüchern:

→ Suche dir ein Gespenster- oder Hexenbuch aus!
  Lies es zu Hause und auch während der Werkstattarbeit!

→ Stelle dein Buch den Kindern unserer Klasse vor!
  Lies etwas daraus vor, erzähle und zeige Bilder!

→ Erfinde zu deinem Buch weitere Geschichten!

→ Spiele aus deinem Buch eine Stelle vor!
  Wenn Du Spielpartner brauchst, suche dir Kinder aus deiner Klasse aus!

→ Erfinde ein Spiel zu deinem Buch und stelle es her!

→ Werbe für dein Buch!
  Erstelle dafür ein Plakat!

→ Schreibe zu deinem Buch eine kurze Rezension (Buchempfehlung)!
  Stellt alle Rezensionen zu einer Buchempfehlungskartei zusammen!

→ Bastle Figuren aus deinem Buch!
  Spiele mit ihnen eine Szene!

→ Denke dir ein Schatten- oder Puppentheater zu deinem Buch aus!

→ Gestalte zu deinem Buch eine Buchlandschaft im Bananenkarton!

Anmerkungen

Die Kinder sollen vielfältige Möglichkeiten des Umgangs mit einem Buch erfahren. Dafür ist es wichtig, daß sie sich ganz frei für ihre individuelle Arbeitsweise mit einem Buch entscheiden dürfen.

Unterrichtsideen — Unheimliches Lesen und Schreiben

Zur Buchlandschaft im Karton:
Die Kinder gestalten zu einem Kinderbuch eine „Landschaft" im Bananenkarton, die zum Inhalt des Buches paßt. Dabei stellen sie den Karton so auf, daß er mit einer Seitenfläche aufliegt (Hoch- oder Querformat).
Die Kinder können z. B. das Hexenhäuschen mit der kleinen Hexe und dem Raben Abraxas im Zauberwald gestalten. Sie verwenden dazu alle erdenklichen Materialien. Wichtig: Das Buch gehört mit zur Landschaft. Es wird auch in den Karton gestellt.

Zu den Kinderbüchern gibt es keine Kopiervorlage. Die Auftragskarte stellen Sie bitte zu der Bücherkiste.

Bücherliste

1. Bilderbücher (viele Bilder, weniger Text)

Baeten, Lieve: Die neugierige kleine Hexe, Verlag Oetinger, Hamburg 1992
Bergström, Gunilla: Du siehst Gespenster, Willi Wiberg, Verlag Oetinger, Hamburg 1984
Damjam, Mischa: Iwan und die Hexe, Nord Süd Verlag, Mönchaltort, Schweiz 1968
Gray, Nigel und Foreman, Michael: Wer hat Angst vor Mrs. Cole? Ali baba-Verlag, Frankfurt 1985
Hohler, Franz und Maurer, Werner: In einem Schloß in Schottland lebte einmal ein junges Gespenst, Verlag Sauerländer, Aarau, Frankfurt, Salzburg 1979
Mayer, Mercer: Da liegt ein Krokodil unter meinem Bett, Verlag Friedrich Oetinger, Hamburg 1988
Mitgutsch, Ali und Hailer, Irmgard: Die Hexe und die 7 Fexe, Otto-Maier-Verlag, Ravensburg 1985
Portman, Lidia und Korschunow, Irina: Ich weiß doch, daß Ihr da seid! Verlag Sauerländer, Aarau und Frankfurt 1980
Rettich, Margret: Das ganz kleine Gespenst, Loewes Verlag, Bindlach 1991
Rettich, Margret: Heute wird gehext, Loewes Verlag, Bindlach 1992
Ross, Tony: Ich komm dich holen! K. Thienemanns Verlag, Stuttgart 1985
Schubert, Ingrid u. Dieter: Irma hat so große Füße, Verlag Sauerländer, Aarau, Frankfurt, Salzburg 1987
Schubert, Ingrid u. Dieter: Ein Krokodil unterm Bett, Verlag Sauerländer, Aarau, Frankfurt, Salzburg 1990
Sendak, Maurice: Wo die wilden Kerle wohnen, Diogenes-Verlag, Zürich 1967
Shook Hazen, Barbara und Ross, Tony: Vom Ritter, der sich im Finstern fürchtete, Reinbeker Kinderbücher, Carlsen Verlag, Hamburg 1990
Strich, Kicki und Eriksson, Eva: Das unheimliche Spukhaus, Verlag Oetinger, Hamburg 1993
Reidel, Marlene: Anna und die Weiherhex, K. Thienemanns Verlag, Stuttgart 1979
Walbrecker, Dirk und Eisenburger, Doris: Der Geisterbaum, Annette Betz Verlag, 1991

2. Romane und Kurzgeschichtensammlungen

Alexander-Burg, Eberhard: Die Hexe Schrumpelmei und ihre neueste Hexerei, Engelbert Verlag, Balve 1977
Jannausch, Doris: Leselöwen Gruselgeschichten, Loewes Verlag, Bayreuth 1975
Kohn, Gudula: Die Gespensterkinder aus der Kastanienallee, edition arabello, Wuppertal 1993
Lang, Othmar Franz: Hexenspaß in Wokingham, Erika Klopp Verlag, Berlin 1985
Lang, Othmar Franz: Wo gibt's heute noch Gespenster? Erika Klopp Verlag, Berlin 1990

Unterrichtsideen — Unheimliches Lesen und Schreiben

Lang, Othmar Franz: Nessi und die Geister von MacLachlan, Erika Klopp Verlag, Berlin 1985
Lobe, Mira: Das kleine Schloßgespenst, Arena Verlag, Würzburg o.J.
Maar, Paul: Der verhexte Knödeltopf, Verlag Friedrich Oetinger, Hamburg 1970
Mechtel, Angelika: Gummitwist und Hexenbesen, Dressler Verlag, Hamburg 1989
Michels, Tilde: Gespenster zu kaufen gesucht, Verlag Stalling, Oldenburg und Hamburg 1975
Preußler, Otfried: Die kleine Hexe, K. Thienemanns Verlag, Stuttgart 1957
Preußler, Otfried: Das kleine Gespenst, K. Thienemanns Verlag, Stuttgart 1966
Richter, Jutta: Hexenwald und Zaubersocken, Verlag Oetinger, Hamburg 1993
Ruoff, Vera: Die Töpfchenhexe, Ueberreuter Verlag, Wien und Heidelberg 1972
Ruoff, Vera: Die Töpfchenhexe rettet das Geld, Ueberreuter Verlag, Wien und Heidelberg 1976
Ruoff, Vera: Die Töpfchenhexe und die Zauberflöte, Ueberreuter Verlag, Wien und Heidelberg 1977
Schmidt, Annie: Hexen und so ..., Verlag Oetinger, Hamburg 1971
Schrader, Werner: Die Hexe Backa Racka, Herder Verlag, Freiburg 1983
Sirowatha, Eva-Maria: Hexen will gelernt sein, Spectrum Verlag, Stuttgart 1977
Sommer-Bodenburg, Angela: Florians gesammelte Gruselgeschichten, Bertelsmann Verlag, München 1990
Sommer-Bodenburg, Angela: Die Moorgeister, Rowohlt Verlag, Reinbek 1986
Steinwart, Anne: Leselöwen Hexengeschichten, Loewes Verlag, Bindlach 1993
Uebe, Ingrid: Leselöwen Spukgeschichten, Loewes Verlag, Bindlach 1988
Welsch, Renate: Das kleine Moorgespenst, Verlag Friedrich Oetinger, Hamburg 1985

Mögliche Arbeitsaufträge

→ Lies das Gedicht und sprich mit Geisterstimme!
Male die Geister und den Hexenmeister!

→ Spielt das Gedicht mit Geisterstimme eurer Klasse vor!
Was spricht der Hexenmeister?

→ Denkt euch ein neues Gedicht aus. Es soll so anfangen:
Sieben Geister erfreuen ihren Hexenmeister ...

→ Denkt euch ein neues Gedicht aus. Es soll so anfangen:
Der Hexen sechs erfreuen ihre Oberhex' ...

Anmerkungen

Wichtig ist, daß die Kinder die Ausrufe unterschiedlich betonen, je nachdem ob sie erschreckend oder erfreuend wirken sollen. Es wäre sinnvoll, beide Möglichkeiten gegenüberzustellen. Die Lehrerin/der Lehrer soll helfend eingreifen, um die Ausdrucksfähigkeit der Kinder zu verbessern.

Tip

Anhand des Gedichts kann man mit den Kindern ein Wortfeld zum Wort „sagen" erstellen.

Mögliche Arbeitsaufträge:

→ Lies die Gedichte!
Male dazu ein passendes Bild in die Rahmen!

→ Suche dir ein Gedicht aus und lerne es auswendig!
Trage es deiner Klasse vor!

→ Verkleide dich als Hexe und sprich ein Gedicht mit Hexenstimme!

Unterrichtsideen · Unheimliches Lesen und Schreiben

Mögliche Arbeitsaufträge:

→ Gedichtpuzzle: Die Gedichte sind zerschnitten.
 Setze sie richtig zusammen und klebe sie auf!

→ Hexenmahlzeit und Das Hexeneinmaleins –
 zwei Gedichte in einem. Kannst Du sie entwirren?

Morgens früh um sechs	Geht sie in die Scheun,
Du mußt verstehn:	So sagt die Hex,
Kommt die kleine Hex,	Morgens früh um zehn,
Aus eins mach zehn,	Mach sieben und acht,
Morgens früh um sieben,	Holt sie Holz und Spän,
Und zwei laß gehn,	So ist's vollbracht:
Schabt sie gelbe Rüben,	Feuert an um elf,
Und drei mach gleich,	Und neun ist eins,
Morgens früh um acht,	Kocht dann bis um zwölf
So bist Du reich.	Und zehn ist keins.
Wird Kaffee gemacht,	Fröschlein, Krebs und Fisch,
Verlier die Vier!	Das ist das Hexen-Einmaleins.
Morgens früh um neun,	Kinder kommt zu Tisch!
Aus fünf und sechs,	

Mögliche Arbeitsaufträge:

→ Zeichne einen Comic zum Gedicht!

→ Lerne das Gedicht auswendig und spreche es deiner Klasse vor!

→ Unterstreiche die Reimwörter und dichte selber:
 Ich ging einmal nach ...

Anmerkung Beim eigenen Gedicht sollte die Lehrerin/der Lehrer hilfreich zur Seite stehen und eventuell Tips geben.

Mögliche Arbeitsaufträge:

→ Lies die Gedichte gut betont vor!
 Du kannst auch versuchen, sie auswendig zu lernen.

→ Lerne den Hexen-Abzählspruch auswendig!
 Bilde mit einer Gruppe einen Kreis und spielt den Hexen-Abzählspruch!

→ Unterstreiche beim Gruselett die Reimwörter!
 Ersetze die Phantasiewörter durch eigene Wörter!
 Achte darauf, daß sich dein Gedicht genauso reimt!

Anmerkung Beim Hexen-Abzählspruch kann die Lehrerin/der Lehrer eine Hexenmaske und ein Hexenkostüm bereitstellen.

Gruselgedicht

Als ich mal spazierenging,
nachts vor ein paar Wochen,
traf ich plötzlich ein Gespenst,
eins aus lauter Knochen.

Hu, fast wär' ich angeeckt.
„Mensch", rief ich, „hast du mich erschreckt!"
Da sprach der Klapperheinrich:
„Das ist mir aber beinlich!"

Josef Guggenmos

Mögliche Arbeitsaufträge:

→ Lies das Gedicht mehrmals, so daß du es flüssig vortragen kannst! Dann male dich und den Klapperheinrich beim Spaziergang!

→ Lerne das Gedicht auswendig und trage es deiner Klasse vor!

→ Bastle einen Klapperheinrich und trage das Gedicht mit deinem Klapperheinrich vor!

→ Spiele das Gedicht mit einem Partner vor!

→ Unterstreiche die Reimwörter mit der gleichen Farbe. Erfinde noch eine dritte Strophe!

Anmerkung — Der Begriff „beinlich" muß mit den Kindern geklärt werden, damit sie den Witz des Gedichtes verstehen (Bein = Knochen).

Das Geisterschloß

Schallend wiehernd
wie ein Roß
stampft Ritter
Rotbart
durch mein Schloß.
Graf Kunz
(schon immer
hundsgemein)
kann dagegen
alles sein.
Erst gestern
– still stand
mein Verstand –:
Der Pfannenstiel
war seine – Hand!
Irr flieh ich
(mit und ohne Grund)
vor Kugel,
Nudel,
Pudelhund ...

Auch geh ich nur,
muß ich einmal,
im Laufschritt durch
den Ahnensaal:

Graf Heinz
(einst Held im Felde)
spuckt aus dem Gemälde!

Wen treff ich heut
im Stiegenhaus?
Neun Särge.
Neun Fahrer
grinsen heraus.

Wer Nerven hat,
der schluckt es,
mein Schloß
mein ganz verrucktes.
Hier spukt es,
hier spuckt es,
aus allen Ecken
guckt es.

Ich schreibe zitternd,
gesträubt das Haar:
Wer kauft mir mein Schloß ab
samt Inventar?
Doch sage ich händeringend:
Bitte, es ist dringend.

Josef Guggenmos

Unterrichtsideen — Unheimliches Lesen und Schreiben

Mögliche Arbeitsaufträge:

→ Lies das Gedicht gut durch!
Male das Geisterschloß mit
Ritter Rotbart,
Graf Kunz
und Graf Heinz!

→ Schreibe die Wörter heraus, die du nicht verstehst!
Kläre sie mit deiner Lehrerin/deinem Lehrer oder anderen Kindern!

Anmerkung Dieses Gedicht ist sprachlich recht anspruchsvoll und bedarf sicherlich begrifflicher Klärung.

Die Druden

Druden, das sind Nachtgespenster.
Sie gehn durch geschlossne Fenster.
Selbst in winzig kleine Buden
Schleichen sich die bleichen Druden.

Sie sind keine Augenweide:
Außen wie aus grauer Seide,
Köpfe wie aus Blumenkohl
Und im Innern ziemlich hohl.

Daß sie nachts durchs Fenster gleiten,
Zählt zu ihren Eigenheiten.
Schleichen sie zu fremden Leuten,
Hat das gar nichts zu bedeuten.

Wabbelig und still wie Quallen
Wollen sie durchs Dunkel wallen.
Das ist ihre größte Freude.
Keinem tun sie was zuleide.

Manchmal seufzen sie gelinde
Wie die zarten Morgenwinde.
Schon nach wenigen Sekunden
Ziehn sie fort und sind verschwunden.

Eva Rechlin

Mögliche Arbeitsaufträge:

→ Lies das Gedicht mehrmals, so daß du es gut vorlesen kannst!

→ Schreibe mit deinen Worten auf, wie Druden aussehen und was sie können!

→ Schreibe auf, wie Druden auch aussehen und was sie noch tun könnten!

→ Unterstreiche die Reimwörter mit derselben Farbe!
Versuche selbst, noch eine Gedichtstrophe zu dichten!

→ Bastle eine Drude aus einer Styroporkugel und zartem Tüll- oder Seidenstoff!

Anmerkung Begriffserklärungen sind evtl. erforderlich.

Unterrichtsideen Unheimliches Lesen und Schreiben

Pimpernelle Zwiebelhaut

Kennt ihr schon die Hexenbraut
Pimpernelle Zwiebelhaut?

Rückwärts kriecht sie aus dem Bett,
schrubbt sich ab mit Stiefelfett,
kocht sich Seifenblasentee,
futtert Scheuerlappen mit Gelee,
Zittergras und Fliegenkleckse –
ja, das schmeckt der kleinen Hexe!

Doch das ist schon lange her.
Pimpernelle lebt nicht mehr –
hat sich Kichererbsenbrei gemacht
und sich beim Kichern totgelacht.

Hans Adolf Halbey

Mögliche Arbeitsaufträge:

→ Übe das Gedicht gut und lies es deiner Klasse vor!

→ Mache einen Comic zum Gedicht!

→ Bastle aus einer Zwiebel „Pimpernelle Zwiebelhaut"!

→ Unterstreiche die Reimwörter!
   Was könnte Pimpernelle Zwiebelhaut noch machen?
   Dichte einen Reim und füge ihn in das Gedicht ein!

Pimpernelle Zwiebelhaut
Kennt ihr schon die Hexenbraut
Pimpernelle Zwiebelhaut?

Rückwärts kriecht sie aus dem Bett,
schrubbt sich ab mit Stiefelfett.

_____
_____

Kocht sich Seifenblasentee,
futtert Scheuerlappen mit Gelee,
Zittergras und Fliegenkleckse –
ja, das schmeckt der kleinen Hexe!

Doch das ist schon lange her.
Pimpernelle lebt nicht mehr –
hat sich Kichererbsenbrei gemacht
und sich bei Kichern totgelacht.

Anmerkungen

Die Kinder können auch mehrere Reime einfügen. Die einzelnen Reime der Kinder lassen sich zu einem gemeinsamen Gedicht zusammenstellen und in der Klasse aushängen.

Meine Großmama ist Hexe

Meine Großmama ist Hexe.
Wetten, daß das wirklich stimmt!
Meine Großmama ist Hexe,
weil sie sich auch so benimmt.
Sie braucht niemals einen Schlüssel.
Nein, sie schießt die Türen auf!
Suppe rührt sie in der Schüssel
stets mit dem Pistolenlauf.
Sie fegt nie mit einem Besen
ihre Hexenstube aus.
Das macht so ein Flatterwesen
ähnlich wie die Fledermaus.
Sie stopft niemals ihre Sachen.
Sagt nur: Ole mole lu,

Unterrichtsideen — Unheimliches Lesen und Schreiben

lacht dazu ihr Hexenlachen
und schon sind die Löcher zu.
Neulich kam sie uns besuchen.
Ich lud viele Freunde ein.
Großmama aß Streuselkuchen
und trank unsern besten Wein.
Dann war sie wohl leicht betrunken,
gab uns ihren Zauberstab.
Bald darauf da sprühten Funken –
unsre Schule brannte ab.
Großmama blieb nichts verborgen,
denn als sie die Asche sah,
hexte sie – und schon am Morgen
stand die Schule wieder da.
Meine Großmama ist Hexe.
Jetzt glaubt ihr es auch bestimmt.
Meine Großmama ist Hexe,
weil sie sich auch so benimmt.

Elisabeth Stiemert

Mögliche Arbeitsaufträge:

→ Lies das Gedicht und male etwas, das im Gedicht vorkommt!

→ Trage das Gedicht gut betont deiner Klasse vor!

→ Partnerarbeit: Ein Kind liest das Gedicht vor,
das andere Kind spielt dazu die Hexenoma!

→ Finde die fehlenden Zeilen und setze sie an der richtigen Stelle ein!

Schnipsel (zum Einsetzen):

- Suppe rührt sie in der Schüssel stets mit dem Pistolenlauf.
- lacht dazu ihr Hexenlachen und schon sind die Löcher zu.
- Meine Großmama ist Hexe, weil sie sich auch so benimmt.
- hexte sie – und schon am Morgen stand die Schule wieder da.
- Meine Großmama ist Hexe, weil sie sich auch so benimmt.
- Bald darauf da sprühten Funken – unsre Schule brannte ab.
- Großmama aß Streuselkuchen und trank unsern besten Wein.
- Das macht so ein Flatterwesen ähnlich wie die Fledermaus.

Meine Großmama ist Hexe

Meine Großmama ist Hexe.
Wetten, daß das wirklich stimmt!

Sie braucht niemals einen Schlüssel.
Nein, sie schießt die Türen auf!

Sie fegt nie mit einem Besen
ihre Hexenstube aus.

Sie stopft niemals ihre Sachen.
Sagt nur: Ole mole lu,

Neulich kam sie uns besuchen.
Ich lud viele Freunde ein.

Dann war sie wohl leicht betrunken,
gab uns ihren Zauberstab.

Großmama blieb nichts verborgen,
denn als sie die Asche sah,

Mein Großmama ist Hexe.
Jetzt glaubt ihr es auch bestimmt.

Unterrichtsideen   Unheimliches Lesen und Schreiben

Anmerkung   Für den letzten Arbeitsauftrag bieten Sie den Kindern das Gedicht so an, wie Sie es aus der Vorlage entnehmen können.
Wenn die Kinder die Reime in die Lücken geklebt haben, kann man das gesamte Gedicht ausschneiden, auf ein Blatt kleben und mit einem Schmuckrahmen versehen.

Fast ein Wunder
Das kleine Gespenst war sehr traurig, es ließ in den folgenden Nächten häufig den Kopf hängen. Nach allem, was es erlebt hatte, glaubte es nicht mehr daran, daß es ihm je vergönnt sein werde, die Welt bei Tage zu sehen. Aber man weiß ja, daß Wünsche mitunter gerade dann in Erfüllung gehen, wenn man am allerwenigsten damit rechnet.
Wieder einmal schlug die Rathausuhr zwölf, und wie immer erwachte das kleine Gespenst mit dem letzten Glockenschlag. Es rieb sich den Schlaf aus den Augen, es reckte und streckte sich, wie es seine Gewohnheit war. Dann entstieg es der Truhe, stieß mit dem Kopf an die Spinnweben, mußte niesen – „Hatzi!" – und kam schlüsselrasselnd hinter dem Schornstein hervorgeschwebt.
Aber nanu, wie verändert der Dachboden heute aussah! War er nicht sehr viel heller als sonst, viel geräumiger?
Durch die Ritzen zwischen den Dachziegeln schimmerte goldenes Mondlicht herein, daran lag es wohl. Goldenes Mondlicht?
Mondlicht ist silberweiß, manchmal mit einem Stich ins Bläuliche ... Aber golden?
„Wenn es kein Mondlicht ist", überlegte das kleine Gespenst, „– was war es dann?"
Es huschte zum nächsten Dachfenster, um einen Blick ins Freie zu werfen –, aber sogleich fuhr es wieder zurück und hielt sich die Augen zu.
Das fremde Licht draußen war so grell, daß sich das kleine Gespenst erst langsam daran gewöhnen mußte. Vorsichtig blinzelnd schaute es aus dem Fenster. Es verstrich eine ganze Weile, bis es die Augen öffnen und richtig hinsehen konnte.
„Ah!" rief es aus und staunte.
Wie hell war die Welt heute! Und wie bunt sie war! Bisher hatte das kleine Gespenst gemeint, daß die Bäume schwarz seien und die Dächer grau. Nun merkte es, daß sie in Wirklichkeit grün und rot waren. Jedes Ding hatte seine besondere Farbe!
Türen und Fensterrahmen waren braun angestrichen, die Vorhänge in den Wohnungen bunt gemustert. Im Burghof lag gelber Kies, die Grasbüschel auf den Mauern leuchteten saftig grün, vom Turm wehte eine Fahne mit roten und goldenen Streifen – und hoch über allem wölbte sich klar und strahlend der prächtige blaue Sommerhimmel, an dem ein paar einzelne weiße Wölkchen dahintrieben, klein und verloren wie Fischerboote auf einem weiten Meer.
„Herrlich, ganz herrlich!" jauchzte das kleine Gespenst und kam aus dem Staunen gar nicht heraus. Es dauerte einige Zeit, bis ihm klar wurde, was geschehen war.
„Sollte ich wirklich einmal bei Tag erwacht sein?" Es rieb sich die Augen, es zwickte sich in die Nase – wahrhaftig, es träumte nicht! „Es ist Tag, es ist heller Tag!" rief das kleine Gespenst außer sich vor Freude.
Wie und warum sich gerade heute sein Wunsch erfüllt hatte, wußte es nicht. Vielleicht war ein Wunder geschehen?
Wer konnte das sagen ...
Aber dem kleinen Gespenst war es einerlei.
„Hauptsache", dachte es, „daß ich mir endlich einmal die Welt bei Tage betrachten kann! Los jetzt, ich darf keine Zeit verlieren, ich muß mich ein wenig genauer umsehen auf dem Eulenstein!"

Otfried Preußler

Mögliche Arbeitsaufträge:

→ Lies die Geschichte vom kleinen Gespenst!

→ Denke dir aus, was das kleine Gespenst am hellichten Tag alles erleben kann und schreibe es auf!

→ Gruppenarbeit: Spielt eurer Klasse vor, was das kleine Gespenst auf dem Eulenstein erlebt!

→ Besorge dir das Buch vom kleinen Gespenst aus der Bücherei und lies seine Abenteuer!
Du darfst auch deiner Klasse ein Abenteuer aus dem Buch vorlesen.

Die kleine Hexe lernt hexen

Es war einmal eine kleine Hexe, die war erst einhundertsiebenundzwanzig Jahre alt, und das ist ja für eine Hexe noch gar kein Alter.
Sie wohnte in einem Hexenhaus, das stand einsam im tiefen Wald. Weil es nur einer kleinen Hexe gehörte, war auch das Hexenhaus nicht besonders groß. Der kleinen Hexe genügte es aber, sie hätte sich gar kein schöneres Hexenhaus wünschen können. Es hatte ein wundervoll windschiefes Dach, einen krummen Schornstein und klapprige Fensterläden. Hinten hinaus war ein Backofen angebaut. Der durfte nun einmal nicht fehlen. Ein Hexenhaus ohne Backofen wäre kein richtiges Hexenhaus.
Die kleine Hexe besaß einen Raben, der sprechen konnte. Das war der Rabe Abraxas. Er konnte nicht nur „Guten Morgen!" und „Guten Abend!" krächzen wie ein gewöhnlicher Rabe, der sprechen gelernt hat, sondern auch alles andere. Die kleine Hexe hielt große Stücke auf ihn, weil er ein ausnehmend weiser Rabe war, der ihr in allen Dingen die Meinung sagte und nie ein Blatt vor den Schnabel nahm.
Etwa sechs Stunden am Tage verbrachte die kleine Hexe damit, sich im Hexen zu üben. Das Hexen ist keine einfache Sache. Wer es im Hexen zu etwas bringen will, darf nicht faul sein. Er muß zuerst alle kleineren Hexenkunststücke lernen – und später die großen. Seite für Seite muß er das Hexenbuch durchstudieren, und keine einzige Aufgabe darf er dabei überspringen.
Die kleine Hexe war erst auf Seite zweihundertdreizehn des Hexenbuches. Sie übte gerade das Regenmachen. Sie saß auf der Bank vor dem Backofen, hatte das Hexenbuch auf den Knien liegen und hexte. Der Rabe Abraxas saß neben ihr und war unzufrieden.
„Du sollst einen Regen machen", krächzte er vorwurfsvoll, „und was hext du? Beim ersten Mal läßt du es weiße Mäuse regnen, beim zweiten Mal Frösche, beim dritten Mal Tannenzapfen! Ich bin ja gespannt, ob du wenigstens jetzt einen richtigen Regen zustande bringst!"
Da versuchte die kleine Hexe zum vierten Mal, einen Regen zu machen. Sie ließ eine Wolke am Himmel aufsteigen, winkte sie näher und rief, als die Wolke genau über ihnen stand: „Regne!"
Die Wolke riß auf, und es regnete – Buttermilch. „Buttermilch!" kreischte Abraxas. „Mir scheint, du bist vollständig übergeschnappt! Was willst du denn noch alles regnen lassen? Wäscheklammern vielleicht? Oder Schusternägel? Wenn es doch wenigstens Brotkrümel oder Rosinen wären!"
„Ich muß mich beim Hexen versprochen haben", sagte die kleine Hexe.

Otfried Preußler

Mögliche Arbeitsaufträge:

→ Lies die Geschichte von der kleinen Hexe!

→ Male ein Bild von dem Regen, den die kleine Hexe zaubert!

| Unterrichtsideen | Unheimliches Lesen und Schreiben |

→ Erfinde Zaubersprüche für die kleine Hexe, damit es regnet!

→ In der Geschichte übt die kleine Hexe das Regenmachen.
Laß die kleine Hexe andere Sachen herbeizaubern!
Erfinde dafür passende Zaubersprüche!

→ Führe deiner Klasse einen Zaubertrick vor!

→ Besorge dir das Buch von der kleinen Hexe und lies ihre Abenteuer!

→ Du darfst auch deiner Klasse ein Abenteuer aus dem Buch vorlesen.

Anmerkungen

Die Bücher „Das kleine Gespenst" und „Die kleine Hexe" von Otfried Preußler können jeweils als Klassenlektüre angeschafft und gelesen werden.
Sie können auch als Vorlesebuch die gesamte Werkstattarbeit begleiten. Die Lehrerin/der Lehrer oder ein Kind lesen jeden Tag daraus vor.

Mögliche Arbeitsaufträge:

→ Lies die Hexengesetze! Trage sie deiner Klasse mit Hexenstimme vor!

→ Erfinde weitere Hexengesetze!

→ Sprecht die Hexengesetze!
Macht dazu Hexengeräusche!
Nutzt Trommeln und Trommelstöcke oder andere Instrumente!

→ Denke dir für Gespenster ähnliche Gesetze aus und schreibe sie auf!

Anmerkungen

Sprachlich geschickte Kinder können weitere H-Wörter finden und damit Hexengesetze schreiben. Bei sprachlich schwächeren Kindern sollte die Lehrerin/der Lehrer auch andere Wörter zulassen. Für das Erfinden der Gespenster-Gesetze kann man den Kindern eine Wörterliste mit G-Wörtern anbieten, z. B.:
Gespenster, Geister, grüßen, geben, gaffen, gähnen, gehen, geistern, gruselig, gräßlich, gelb, grün, grausen, geheimnisvoll, grauenvoll, gierig ...

Mögliche Arbeitsaufträge:

→ Schreibe eine Hexengeschichte!

→ Schreibe eine Gespenstergeschichte!

Anmerkungen

Beim Schreiben eigener Texte sind für uns folgende Punkte von Bedeutung:
- Spaß am Schreiben haben, spontan und kreativ sein in Ideen und sprachlicher Gestaltung sind wichtiger als aufsatzspezifische Normen.
- Günstig sind weitgehend offene Themenangebote, ein gemeinsames Oberthema läßt inhaltlich viele unterschiedliche Texte zu.
- Es ist immer sinnvoll, Texte für andere zu schreiben, auch für die eigene Klasse. Die Klassengeschichten können zu einem Buch gebunden und in der Klassenbücherei gelesen werden. Eine Veröffentlichung der Texte sollte in jedem Fall erfolgen, damit sie entsprechend gewürdigt werden bzw. Kritik erfahren. Dies findet meistens im Klassenverband statt. Wichtig ist, daß jedes Kind Gelegenheit erhält, seinen Text vorzustellen.
- Bei der Besprechung ihrer Schreibentwürfe erfahren die Kinder zweierlei: Zum einen werden gute Ideen und Textstellen als besonders gelungen hervorgehoben; die dabei gemachten Erfahrungen können beim Schreiben anderer Texte aufgegriffen werden. Zum anderen werden weniger geglückte Formulierungen, Ausdrücke, Satzanfänge usw. kritisiert und verbessert; danach erhalten die Kinder die Gelegenheit, ihre Texte zu überarbeiten.

Unterrichtsideen   Unheimliches Lesen und Schreiben

- Bei der Überarbeitung beachten die Kinder die mit ihnen entwickelten Schreibhilfen. Dies können z. B. sein:
Paßt die Überschrift? Macht sie neugierig, den Text zu lesen?
Ist die Geschichte spannend? Hört sie sich gut an?
Ist die Geschichte gut zu verstehen oder ist etwas unklar?
Stimmt die Reihenfolge?
Hat das Autorenkind die Satzenden richtig beachtet und die richtigen Satzzeichen notiert?
Hat es passende Satzanfänge und treffende Wörter gefunden?
Kommen Wiederholungen vor?
Haben die Personen Namen und sprechen sie auch?

Schreibkonferenzen:*⁾
Die Texte der Kinder werden zu Manuskripten, die sie einem oder mehreren Partnern vorlesen. Gemeinsam untersuchen die Kinder die Manuskripte auf Verständlichkeit, gelungene Wortwahl, Rechtschreibung, kurz: auf alles das, was Kindern wichtig ist. Dadurch orientiert sich das Schreiben von Texten direkt an den Interessen und Bedürfnissen der Kinder.
Nach der Überarbeitung werden die Texte veröffentlicht. Nun sind die Mitschülerinnen und Mitschüler das Publikum, das zunächst alle Texte würdigt, aber auch kritisch Stellung nimmt.
Gerade auch die Kritik der anderen Kinder hilft bei der Weiterentwicklung der Schreibleistungen wesentlich mehr, als unsere – wenn auch gut gemeinten – Kommentare zu Kindertexten.

Mögliche Arbeitsaufträge:

→ Schreibe eine Geschichte zum Bild!

→ Zeigt euren Eltern das Bild!
Laßt euch erzählen, wovor sie schon einmal Angst hatten und wovor Erwachsene Angst haben!
Haben eure Eltern Angst vor Gespenstern oder Hexen?

Anmerkungen

Auch diese Geschichten lassen sich zu einem Buch zusammenheften.
Die Ängste der Erwachsenen können im Gesprächskreis thematisiert werden (vgl. auch Anmerkung zu Kopiervorlage 15).

Mögliche Arbeitsaufträge:

→ Schreibe eine Geschichte vom kleinen Gespenst!

→ Schreibe eine Geschichte von der kleinen Hexe!

Anmerkungen

Die Geschichten können frei erfunden sein oder aber in Anlehnung an die Bücher von Otfried Preußler geschrieben werden. Aus den verschiedenen Geschichten der Kinder könnte ein bebilderter und gebundener Roman entstehen.

Mögliche Arbeitsaufträge:

→ Welche Wünsche lassen die Gespenster wachsen?
Schreibe sie auf!
Denke dir noch weitere Wünsche aus und schreibe sie dazu!

---

*⁾ Vgl. hierzu: Die Grundschulzeitschrift: Schreibkonferenzen, Heft 61, Januar 1993

	→ Male weitere Wünsche an den Baum!
	→ Gestalte mit einer Gruppe einen Riesenwunschbaum!
	→ Hängt eure Wunschzettel mit kleinen Gespenstern, z. B. Tuchgespenstern, draußen an einen Baum.
	→ Schreibe eine Geschichte zum Gespenster-Wunschbaum!

Anmerkungen Der Riesenwunschbaum kann flächig oder plastisch gestaltet werden. Die Kinder können auch einen Zweig einer Korkenzieherweide mit ihren Geistern und Wünschen schmücken.
Die Korkenzieherweide eignet sich deshalb, weil sie im Wasser Wurzeln schlägt und dann als Klassenwunschbaum draußen eingepflanzt werden kann.

Mögliche Arbeitsaufträge:

→ Löse das Geheimnis der sechs Schriften!

→ Suche dir eine Geheimschrift aus und schreibe damit ein Wort oder einen Satz! Ein anderes Kind soll versuchen, deine Geheimschrift zu entschlüsseln.

→ Löse das Geheimnis der sechs Schriften und erfinde selber eine neue Geheimschrift!

→ Schreibe in Geheimschrift eine Gespenster- oder Hexenbotschaft!

Anmerkungen Die Geheimschriften können auch mit Geheimtinte (siehe Kopiervoprlage 42) geschrieben werden.

Lösungen für die Geheimschriften:
1. Das Gespenst Kasimir wohnt in einem seltsamen Haus.
2. Um Mitternacht muß Kasimir fürchterliche Geräusche machen.
3. Er trifft eine kleine Hexe, die sich auf ihrem Hexenbesen verirrt hat.
4. Kasimir und die kleine Hexe reiten auf dem Hexenbesen zum Hexenfest.
5. Sie tanzen und zaubern auf dem Hexenfest.
6. Hast du das Gespenst Kasimir und seine Freundin, die kleine Hexe, schon gesehen?

Mögliche Arbeitsaufträge:

→ Lies die Geheimschrift!

→ Schreibe sie richtig und in Schönschrift auf! (Kopiervorlage 14 b)

→ Kannst du auch einen Gespenster- oder Hexenwitz in Spiegelschrift aufschreiben? (Kopiervorlage 14 b)

→ Sammelt Gespenster- und Hexenwitze!
Klebt sie auf ein Plakat, lest sie und lacht euch kaputt!

→ Schreibt und malt selber Hexen- und Gespensterwitze!

→ Spielt einen Gespenster- oder Hexenwitz!

Material Spiegel

Anmerkungen Den Kindern macht es auch viel Spaß, die Spiegelschrift ohne Spiegel zu lösen. Um die Witze szenisch spielen zu können, bietet es sich an, mit den Kindern Kriterien dafür zu entwickeln, z. B.

- Text auswendig sprechen können,
- deutlich zum Publikum sprechen,
- Stimme je nach Rolle verändern,
- sich je nach Rolle typisch bewegen,
- Geräusche machen
- u. a.

Mögliche Arbeitsaufträge:

→ Setze die passenden Wiewörter in die Lücken und schreibe die Angstgeschichte zu Ende!

→ Erfinde eine eigene spannende Angstgeschichte!

→ Mache eine Umfrage mit dem Kassettenrekorder:
Frage die Kinder deiner Klasse, wovor sie Angst haben!
Hört euch das Aufgenommene an und sprecht darüber!

→ Mache eine Umfrage mit dem Kassettenrekorder:
Frage Erwachsene, wovor sie Angst haben oder als Kinder hatten.
Hört euch das Aufgenommene an und sprecht darüber!

→ Male ein Angstbild und sprich darüber!

Anmerkungen

Die Ängste der Erwachsenen und Kinder können plakativ gegenübergestellt und verglichen werden, ebenso: Kinderängste früher und heute. Die Angstbilder der Kinder lassen sich zu einer großen Collage zusammenstellen.

Mögliche Arbeitsaufträge:

→ Übe die Merkwörter so, daß du sie in deinen Gespenster- und Hexengeschichten richtig schreiben kannst!
Suche noch andere Gespenster- und Hexenmerkwörter und schreibe sie auf! Das Wörterbuch kann dir dabei helfen.

→ Ordne die Merkwörter nach Namenwörtern, Tunwörtern und Wiewörtern!
Suche noch andere Gespenster- und Hexenmerkwörter und ordne auch diese!
Übe die Rechtschreibung aller Wörter, damit du sie in deinen Hexen- und Gespenstertexten richtig verwenden kannst!

Anmerkungen

Die Kinder sollten verschiedene Trainingsformen dafür beherrschen, Merkwörter für ihren Grundwortschatz zu üben. Dabei ist es wichtig, verschiedenste Eingangskanäle für das Erlernen neuer Wörter und die damit verbundenen Lösungshilfen zu ihrer rechtschriftlichen Sicherung zu berücksichtigen: die optische, die sprechmotorische, die akustische, die schreibmotorische, die logische und die mechanische Lösungshilfe.
Hier einige Beispiele für Übungsformen:

- Wort anschauen und einprägen,
- Wort deutlich sprechen,
- genau hinhören und auf die Laute des Wortes achten,
- Wort oft schreiben,
- nachdenken, wie das Wort geschrieben wird,
- Regeln anwenden,
- im Wörterbuch nachschlagen.

So lernen die Kinder allmählich ihren jeweils optimalen Zugangsweg zu neuen Lerninhalten kennen.

Unterrichtsideen   Rechnen ist (k)eine Hexerei

Magische Zahlenspiele

Zahlenzauber*⁾

Schreib' 1 bis 9 in Dreierreihn.
Addiere längs, addiere quer
und schräg dazu. Was findest du?

1	2	3
4	5	6
7	8	9

Tausch' 7 und 3 was ist dabei?
Addiere längs, addiere quer
und schräg dazu. Was findest du?

1	2	7
4	5	6
3	8	9

Die 5 laß steh'n, die anderen dreh'n.
Addiere längs, addiere quer
und schräg dazu. Was findest du?

4	1	2
3	5	7
8	9	6

Vertausche zwei, sei schlau dabei,
vertausche sie, probiere gut.
Dann wirst du reich, hast alles gleich.

4	9	2
3	5	7
8	1	6

Mögliche Arbeitsaufträge:

→ Löse das Zauberquadrat mit Hilfe des Gedichts!
Lies dir jede Zeile des Gedichts sorgfältig durch und führe sofort aus, was du gelesen hast!

→ Erfinde andere Zauberquadrate mit denselben Zahlen!

→ Erfinde andere Zauberquadrate mit anderen Zahlen!
Das Gedicht kann dir dabei helfen.

Anmerkungen

Spielereien mit „magischen" Zahlen dürfen in einer Werkstatt mit Hexen natürlich nicht fehlen. Das Zauberquadrat mit den Zahlen von 1 bis 9 hat „magische" Besonderheiten. Bei der Arbeit mit diesem Zauberquadrat können die Kinder selbständig interessante mathematische Entdeckungen machen:

- Die Summe aller Zeilen, Spalten und Diagonalen
  ist gleich, nämlich 15.
- Die 5 hat eine Sonderstellung.
  Um sie herum ordnen sich die anderen Zahlen.
- Die geraden Zahlen stehen in den Ecken,
  die ungeraden Zahlen befinden sich dazwischen.
- Diametral gegenüberliegende Zahlen
  haben die Summe 10.

4	9	2
3	5	7
8	1	6

---

*⁾ Entnommen aus: Wittmann/Müller 1990, S. 58

Unterrichtsideen — Rechnen ist (k)eine Hexerei

Zu den Arbeitsvorschlägen gibt es keine Kopiervorlage. Sie können stattdessen folgendes Spiel herstellen:

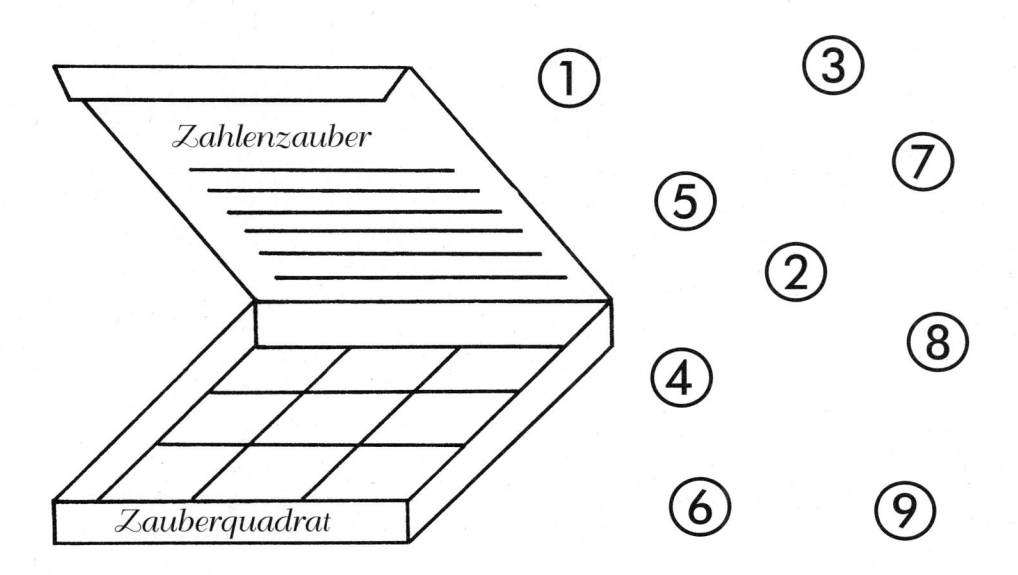

Sie benötigen eine flache Schachtel mit quadratischer Grundfläche etwa 18 cm x 18 cm. Unterteilen Sie die Grundfläche in neun gleich große Felder. Stellen Sie neun Zahlenchips her (Zahlen von 1 bis 9), die etwas kleiner sind, als die neun Felder in der Grundfläche der Schachtel. Schreiben Sie auf die Innenseite des Schachteldeckels das Gedicht.

Die Kinder lesen das Gedicht Zeile für Zeile und befolgen die Textanweisung. Vor jeder Frage: *Was findest du?* müssen sie die Summen in allen Zeilen, Spalten und Diagonalen berechnen.

Die Spielereien mit „magischen" Zahlen können Sie bei Bedarf erweitern, z.B. durch „Zauberdreiecke"*) oder auch durch Zauberquadrate der Ordnung 4.**)

Verflixtes Rechnen

Möglicher Arbeitsauftrag:

→ Wenn ihr auf eurem Gespenster- und Hexenfest Geld verdienen wollt, dann müßt ihr viel planen und rechnen. Ihr müßt euch z. B. überlegen:
Wen und wie viele Leute ladet ihr ein?
Wollt ihr Eintritt nehmen?
Wollt ihr etwas zu essen und zu trinken anbieten und verkaufen?
Was wollt ihr verkaufen?
Was wollt ihr mit dem verdienten Geld machen?
…

Anmerkungen

Die Lehrerin/der Lehrer bietet nur die Kopiervorlage 19 (z.B. als Folie) an. Dies ist dann sinnvoll, wenn ein Gespenster- und Hexenfest geplant ist und die Kinder die nötigen Berechnungen zu ihrem Fest selbständig leisten wollen. In Gruppenarbeit suchen die Kinder Planungsaufgaben und lösen sie mathematisch. Es empfiehlt sich, mit einem gemeinsamen Gespräch über das Deckblatt die Gruppenarbeit einzuleiten.

---

*) Vgl. Metzner, W.: Zauberdreieck (Holzspiel). Ernst Klett Schulbuchverlag Stuttgart
**) Vgl. Wittmann/Müller 1990, S. 88 ff.

Unterrichtsideen   Rechnen ist (k)eine Hexerei

Möglicher Arbeitsauftrag:

→ Bearbeite die Rechnungen zum Gespenster- und Hexenfest!
Nutze dabei folgende Hinweise:
Betrachte die Rechenblätter genau, damit du die Aufgaben herausfindest!
Manchmal stecken mehrere Aufgaben auf einem Rechenblatt.
Manche Aufgaben kannst du durch die Sprechblasen finden.
Wenn du die Rechenaufgaben herausgefunden hast, schreibe sie auf und rechne sie aus!
Du darfst auch weitere Rechenaufgaben zum Gespenster- und Hexenfest erfinden. Denke daran, ihr könnt auch andere Sachen auf eurem Fest verkaufen!

Anmerkungen

Es gibt verschiedene Möglichkeiten, mit den Rechenkopiervorlagen zu arbeiten:

1. Die Lehrerin/der Lehrer bietet alle Kopiervorlagen komplett an. Der obere Teil eines jeden Blattes dient dabei als Hilfe für die Bearbeitung des unteren Teiles.
2. Die Lehrerin/der Lehrer bietet nur die unteren Teile der Kopiervorlagen an. Wenn ein Gespenster- und Hexenfest tatsächlich geplant ist, sind diese Aufgaben als Anregung zu verstehen.
3. Die Lehrerin/der Lehrer bietet nur die oberen Teile der Kopiervorlagen an. Wenn kein Gespenster- und Hexenfest geplant ist, sind diese Aufgaben als auf die Werkstatt bezogene Sachaufgaben gedacht.

Entscheidet sich die Lehrerin/der Lehrer für die 2. oder 3. Möglichkeit, sollten die unteren bzw. oberen Teile der Kopiervorlagen auf DIN-A4-Format vergrößert werden, damit ein einheitlich großes Rechenbüchlein entstehen kann (erstes und letztes Blatt liegen bereits im DIN-A4-Format vor).
In jedem Fall sollten die Rechenblätter zu einem kleinen Buch zusammengeheftet werden. Vorder- und Rückseite bestehen aus farbigem Tonpapier, das die Kinder zu den Aufgaben bzw. zum Fest passend gestalten. Ausgangspunkt *unserer* Berechnungen war der Wunsch der Kinder, sich etwas für die Klasse zu kaufen.

Unterrichtsideen   Zauberhaftes Gestalten

3.3 Zauberhaftes Gestalten

Nachfolgend stellen wir Ihnen Bastel-, Mal- und andere Gestaltungsaufgaben vor, die in der Gruselwerkstatt keinesfalls fehlen dürfen.

Durch die Einbettung dieser Aufgaben in die Werkstattarbeit wird dieser Bereich in den Lernprozeß integriert. Die künstlerischen Prozesse und Produkte stehen gleichrangig neben allen anderen Arbeitsbereichen.

Die von den Kindern gestalteten Arbeiten schmücken während der Werkstattarbeit den Klassenraum, so daß dieser immer „gruseliger" aussieht.

Sie können das Schmücken der Klassenraums auch als Arbeitsauftrag formulieren und zu den Arbeitsvorschlägen „Zauberhaftes Gestalten" hinzufügen.

Arbeitsaufträge und benötigte Materialien stehen auf den Kopiervorlagen.

Anmerkungen zu den Kopiervorlagen 28 a/28 b

Es empfiehlt sich, die Laterne im Klassenverband zu basteln. Sie eignet sich gut für den Martinszug, kann aber auch als Dekoration für ein Fest dienen.
Wirkungsvoll für das Fest ist es, die Gespensterlaterne aus schwarzem Seidenpapier und schwarz gefärbten Gardinenresten zu basteln.

Anmerkungen zu Kopiervorlage 32

Vorteilhaft ist es, die Teile der kleinen Hampelhexe auf weiße Pappe zu kopieren. Die Kinder malen die Hexe zunächst an und schneiden sie dann aus. Um die kleine Hampelhexe richtig verbinden zu können, brauchen die Kinder folgenden Plan:

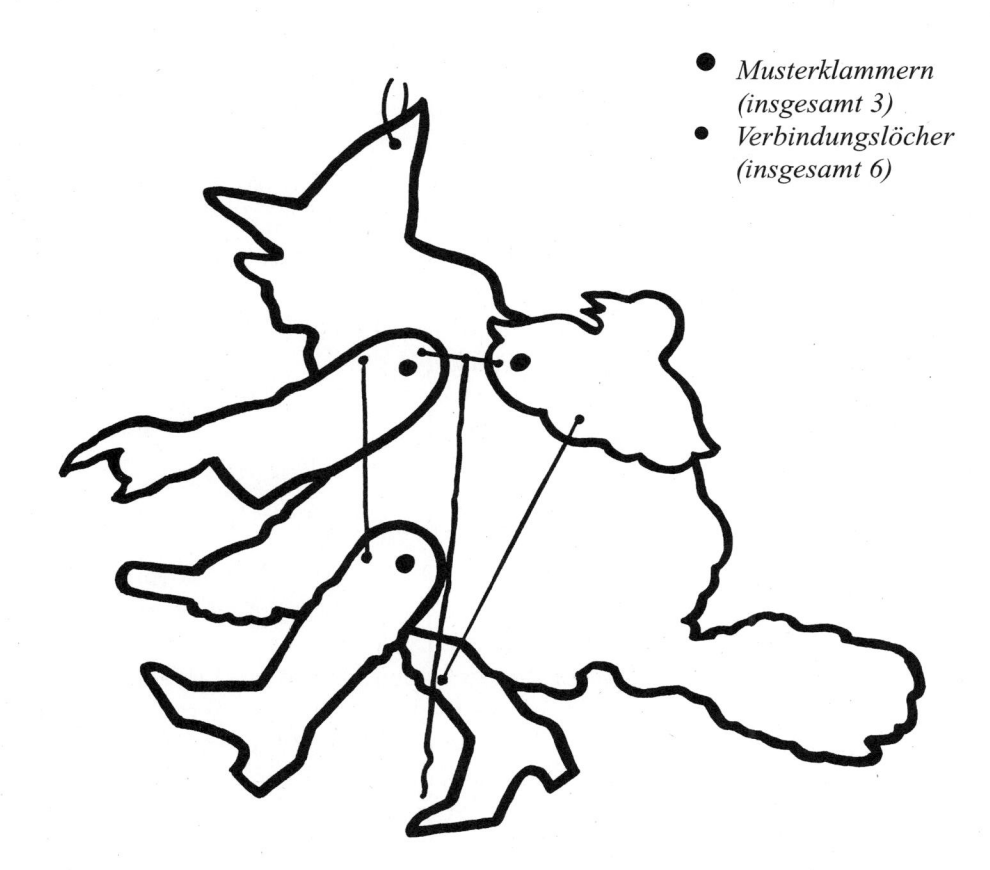

- *Musterklammern (insgesamt 3)*
- *Verbindungslöcher (insgesamt 6)*

Mit der Lochzange werden die Löcher ausgestanzt und die Teile mit Musterklammern locker zusammengesetzt. Durch die kleinen Löcher werden die Teile mit Bindfäden verbunden.

Unterrichtsideen | Gruselige Klänge

Anmerkungen zu Kopiervorlage 33

Das Gruselhaus sollte in jedem Fall in Gruppenarbeit (3–4 Kinder) gestaltet und beleuchtet werden. Für Einzel- oder Partnerarbeit ist es zu zeit- und arbeitsaufwendig.
Falls es für die Kinder interessant ist, ergibt sich hier die Gelegenheit, sich näher mit den Themen Strom und Stromversorgung auseinanderzusetzen.
Es können auch (beleuchtete) Hexenhäuser gebastelt werden.

Mögliche Arbeitsaufträge:

→ Gib dem Jungen auf dem Bild einen Namen und schreibe ihn auf das Bett!
 Male das Bild mit Holzbuntstiften an!
 Nimm für den Jungen „warme" Farben und für die Gespenster und Hexen „kalte" Farben.

→ Sprich mit anderen Kindern über das Bild!
 Wenn du möchtest, schreibe eine Geschichte dazu.

→ Male selbst ein gespenstisches Bild mit „kalten" Farben!
 Benutze dafür deine Wasserfarben und ein großes Zeichenblatt (DIN A3).

Anmerkung

Die Lehrerin/der Lehrer muß den Kindern die Begriffe „kalte" und „warme" Farben erfahrbar machen, damit sie die Arbeitsaufträge ausführen können.

Mögliche Arbeitsaufträge:

→ Reiße Gespenster aus Papiertaschentüchern und klebe sie in die Nacht!

→ Gruppenarbeit: Gestaltet einen nächtlichen Gespensterraum. Ihr braucht dafür ein großes schwarzes Plakat. Klebt viele Gespenster aus Papiertaschentüchern darauf!

Anmerkungen

Die Gestaltungsmöglichkeiten bei der Gruppenarbeit entwickeln sich aus der Phantasie der Kinder. Auf die schwarze Pappe können z. B. auch Möbelstücke aus Katalogen aufgeklebt werden. Um Mitternacht erscheinen die Gespenster aus ihren Verstecken.
Eine andere Möglichkeit ist es, den dunklen Raum in einem Karton zu gestalten. Die Kinder können Spielzeugmöbel verwenden, in denen sich die Gespenster versteckt haben.

3.4 Gruselige Klänge

Für den Lernbereich Musik finden Sie auf den folgenden Seiten sowohl zahlreiche Anregungen für gruselige Klanggestaltungen als auch einige Beispiele für thematisch gut geeignete Lieder.
Beschränken Sie sich zunächst auf ein Lied. So können alle Kinder die vorgeschlagenen Arbeitsmöglichkeiten an diesem Lied erproben und werden dadurch angeregt, weitere Lieder entsprechend vorzutragen und darzustellen.
Eine gute Hilfe zum individuellen Lernen der Lieder bietet der Kassettenrekorder. Die Lehrerin/der Lehrer spielt und singt die Lieder vor und nimmt sie auf einer Tonkassette auf; musikalisch begabte Kolleginnen/Kollegen helfen sicher gerne dabei. Die Kinder können sich dann selbständig die Melodie abspielen und lernen. Außerdem könnte der Gespensterkrach auf Kassette aufgenommen werden, z.B. für gruselige Spielszenen.

Unterrichtsideen   Gruselige Klänge

Mögliche Arbeitsaufträge:

↪ Besorge dir das Material für den Versuch und mache Gespensterlärm!

↪ Führe den Versuch durch und erkläre, warum die Erbsen aufquellen!

↪ Kennst du noch andere Tricks, Gespensterkrach zu machen?
Führe sie deiner Klasse vor!

Anmerkungen   Für den Gespensterkrach kann man auch verschiedene Gespensterinstrumente herstellen:

- Luftballons aufblasen und mit nassen Fingern „streicheln",
- Luftballons aufblasen und die Luft geräuschvoll herauslassen,
- Zellophanpapier rascheln und knistern lassen,
- Schraubgläser mit Krachmachern füllen (getrocknete Hülsenfrüchte, Knöpfe, Nägel ...),
- zwei Joghurtbecher mit Reis füllen und mit Klebeband zusammenkleben,
- in der Mitte durchbohrte Kronkorken zu einer Kronkorkenkette auffädeln,
- über einen Kamm Zellophanpapier legen und darauf blasen,
- auf dem Xylophon mit dem Schlegel schnell hin- und herreiben,
- ein Stück Styropor anfeuchten und auf einer Glasscheibe reiben,
- auf leeren Flaschen blasen,
- mit Holzstäben klopfen,
- mit Rasseln klappern,
- und weitere von den Kindern erfundene Gespenster- und Hexeninstrumente.

Mögliche Arbeitsaufträge:

↪ Lerne das Hexeneinmaleins auswendig und trage es zusammen mit anderen Kindern vor!
Sprecht zuerst leise, werdet immer lauter.
Die letzte Zeile des Gedichtes müßt ihr gemeinsam schreien.
Benutzt beim Vortragen eure Hexeninstrumente, laßt auch sie immer lauter klingen.

↪ Vielleicht fällt dir eine Melodie zum Hexeneinmaleins ein. Du kannst die Noten auf die Notenlinien malen!

Mögliche Arbeitsaufträge zu den folgenden Liedern:

↪ Lerne das Lied auswendig und singe es gemeinsam mit anderen Kindern in der Klasse!

↪ Finde passende Gespenster- und Hexengeräusche!

↪ Bastle passende Hexen- und Geisterinstrumente!
Besorge dir dazu das notwendige Material.
Begleite das Lied mit deinem Instrument.

↪ Verkleide dich passend zum Lied und tanze wie eine Hexe oder wie ein Gespenst!

Anmerkungen   Beim Lied „Was klingt denn da so schauerlich" steht eine mögliche Notenfolge, die als Vorspiel oder Begleitung dienen kann. Für diesen Liedtext bietet es sich an, mit den Kindern eine eigene Melodie (Sprechgesang) zu „komponieren."

Unterrichtsideen — Gruselige Klänge

Wer hat so grauslig … ? Text und Melodie: Katharina Kemming

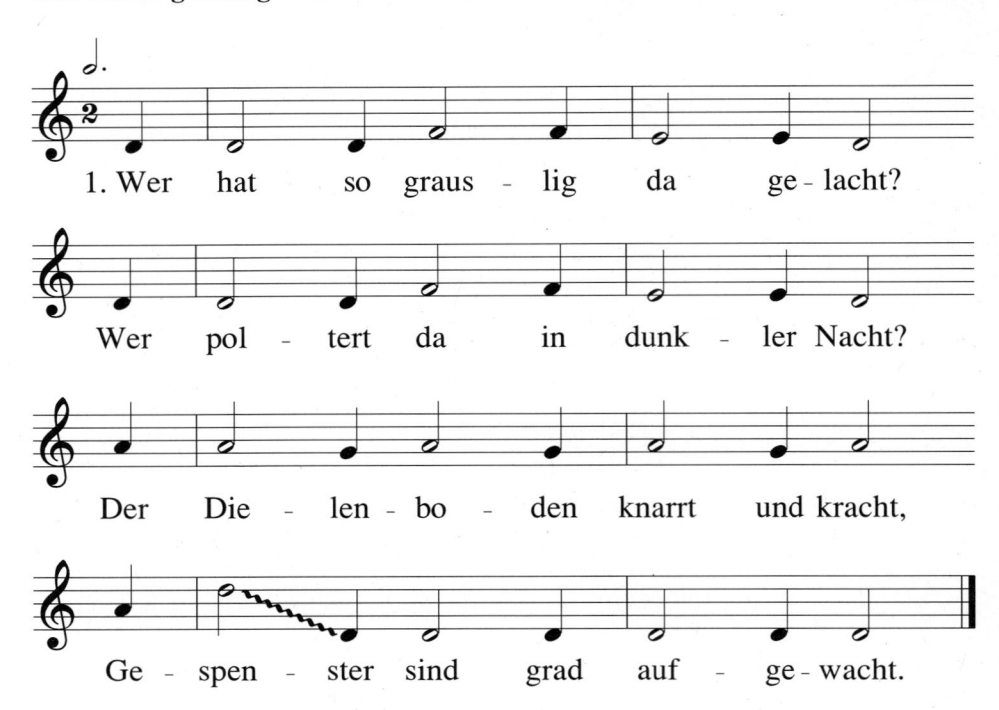

1. Wer hat so graus - lig da ge - lacht?
Wer pol - tert da in dunk - ler Nacht?
Der Die - len - bo - den knarrt und kracht,
Ge - spen - ster sind grad auf - ge - wacht.

2. Sie tanzen den Gespenstertanz,
   der Mond schickt seinen Geisterglanz.
   Gewänder wehn beim Mondscheintanz,
   sie spielen mit dem Lichterglanz.

Was klingt denn da so schauerlich Text: Rainer Hachfeld, Melodie: Bernd Konrad

1. Was klingt denn da so schauerlich?
   Ich fürcht mich so, ich fürcht mich so.
   Ich grusel mich so sehr.

   Ich glaub nicht an Gespenster.
   Doch manchmal denk ich nachts, ich hör:
   Da klopft doch eins ans Fenster.

Unterrichtsideen   Gruselige Klänge

2. Wer hat Angst vor'm Kellerloch?
   Niemand! Ich nicht! Du aber doch!
   Keiner glaubt ans Nachtgespenst,
   trotzdem graust's dich, daß du rennst.
   Warum denn bloß? Warum denn nur? –
   Von Gespenstern keine Spur.

3. Erschreck mich doch! Erschreck mich doch!
   Ich fürcht mich nie. Ich fürcht mich nie.
   Ich grusel mich nicht mehr.
   Gespenst will ich heut selber sein.
   Und mit „Huhuuu!", das ist nicht schwer,
   jag ich euch Schrecken ein.

4. Wer hat Angst vor der Dunkelheit?
   Wir nicht. Wir sind zu zweit.
   Wer spielt mit uns Geisterbahn?
   Wer spielt mit uns „Schwarzer Mann"?
   Wer spielt mit uns „Gespenster-Nacht"?
   Die Angst wird einfach ausgelacht!

Die alte Moorhexe   Text: Margarete Jehn, Melodie: Wolfgang Jehn   © Eres Edition

1. Die alte Moorhexe hext im Teufelsmoor herum,
dreht sich wild im Tanze um, lacht sich schief und lacht sich krumm,
wenn die Tiere ängstlich wittern und die Kinder alle zittern;
hält die ganze Welt für dumm, hext herum, hext herum. Hu! Hu!

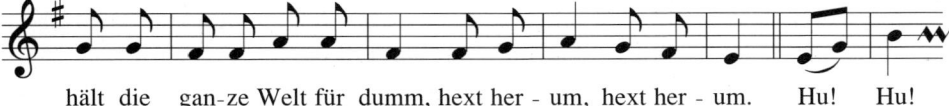

2. Gegen Mitternacht jedoch
   fährt sie in ihr Hexenloch,
   füttert ihre sieben Schlangen,
   bringt den schnellen, starken, langen
   Hexenbesen in den Stall,
   scharrt und raschelt überall,
   hält die ganze Welt für dumm,
   hext herum, hext herum. Hu! Hu!

3. Bei dem Spuk in Moor und Sumpf
   ging verlorn ihr Ringelstrumpf;
   jener rote linksgestrickte Strumpf,
   den ihre Schwester schickte,
   hängt in einer Birke drin,
   flattert einsam vor sich hin,
   hält die ganze Welt für dumm,
   hext herum, hext herum. Hu! Hu!

Unterrichtsideen Gruselige Klänge

Das Gespensterkind

Text und Melodie: Fredrik Vahle
© Aktive Musik Verlagsgesellschaft

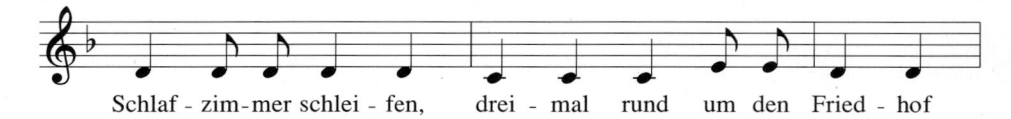

Es war mal ein Gespensterkind, dem sagte sein Papa:
Ich muß die nächste Nacht weit weg und du bleibst da!
Gehorsam, brav und ordentlich drehst du zur Geisterstunde so
wie es sich für dich gehört die grosse Übungsrunde.

Refrain:
Sargdeckel klappern und Knochen pfeifen, 'ne Ritterrüstung durch's
Schlafzimmer schleifen, dreimal rund um den Friedhof
schweben, ja so ist das Gespensterleben.

2. Da sagte das Gespensterkind: Ich hab das Üben satt!
Ich will mal richtig gruseln gehn und fliege in die Stadt.
Im ersten Haus da schlupfte es, schwupp, in ein Ofenrohr
und kam dann aus dem Ofenloch kohlrabenschwarz hervor.
Refrain: Sargdeckelklappern ...

3. Und alle liefen ganz schnell weg, nur nicht die Tante Tine,
die wollt es schnappen und rief laut: Ab in die Waschmaschine.
Doch hat sie es nicht mehr erwischt, es flog zum Fenster raus
und schlupft, kohlrabenschwarz und schnell, sogleich ins Nachbarhaus.
Refrain: Sargdeckelklappern ...

4. Doch ach, da drin, da mußte es gehorsam ohne Mucken
mit der Familie Meyerling drei Stunden Fernsehn gucken.
Mainzelmännchen und Krimis sehen, keinen Schritt mehr vor die Türe gehen,
immer nur vor der Glotze kleben. Ja so ist manchmal das Menschenleben.
Refrain: Sargdeckelklappern ...

5. Doch beide Eltern schliefen ein. Die Kinder schlichen raus
und spielten mit dem Gespensterkind Gespenster rund ums Haus.
Da wachten beide Eltern auf, sahn ängstlich aus dem Fenster.
Was ist da draußen für ein Lärm? Das klingt ja wie Gespenster!
Refrain: Sargdeckelklappern und Knochenpfeifen,
'ne Ritterrüstung durchs Schlafzimmer schleifen,
dreimal rund um den Friedhof schweben,
Oh Schreck, hier muß es Gespenster geben.

6. Und als die Kinder wiederkamen, war das Gespenst schon weg.
Nur in der Sofaecke blieb ... ein kleiner schwarzer Fleck.

3.5 Schaurig-schönes Spielen

Kinder haben viel mehr aktuelle Spielerfahrungen als Lehrerinnen und Lehrer. Sie bringen vielfältige Spielideen und Spieltechniken mit in die Schule, die unserer Meinung nach unbedingt in der Werkstattarbeit genutzt werden müssen. Würfelspiel, Domino, Memory, Puzzle sind den Kindern geläufige Spielformen, die sie immer wieder gerne einbringen.
Bei der Gestaltung der Spiele sollte die Lehrerin/der Lehrer der kindlichen Phantasie immer freien Lauf lassen.

Mögliche Arbeitsaufträge:

→ Bereitet das Spiel so vor, wie es beschrieben ist, malt den Spielplan an und spielt das Spiel „Burg Hexenstein"! Viel Spaß dabei!

→ Erfindet selber ein Hexen- oder Gespensterspiel!

Anmerkungen

Zu den selbst erfundenen Spielen sollten die Kinder unbedingt Spielanleitungen aufschreiben. Ob Anleitung und Spiel verständlich sind, erfahren die Kinder von ihren Mitschülerinnen und Mitschülern, wenn diese das Spiel ausprobieren.
Beim Schreiben eigener Spielanleitungen zum selbst erfundenen Spiel ist es für die Kinder hilfreich, vorher die Spielpläne zu den gekauften Spielen zu lesen und zu beurteilen.

Mögliche Arbeitsaufträge:

→ Hast Du den Weg gefunden?
Zeichne ihn ein!

→ Zeichne selbst ein Geisterlabyrinth und lasse es von deiner Klasse erforschen!

→ Du kannst auch ein Hexenlabyrinth herstellen, z. B.: Mit dem Hexenbesen zum Blocksberg.

→ Stelle ein Gespenster- oder Hexenlabyrinth im Karton her!

→ Stelle ein Hexen- oder Gespensterlabyrinth aus Ton her!

→ Baue ein Labyrinth im Sandkasten!

Anmerkungen

Es können auch einfache Labyrinthe ohne Sperren erfunden werden.
Es empfiehlt sich, die Labyrinthe auch einmal großflächiger (DIN-A2-Format) zu gestalten.

Unterrichtsideen Schaurig-schönes Spielen

Mögliche Arbeitsaufträge:

→ Das Gespenst hat die Villa verzaubert. Finde die Fehler!

→ Schreibe eine Geschichte zum Bild! Du kannst deine Geschichte so beginnen: In der Gespenstervilla geht es merkwürdig zu ...

→ Zeichne auch etwas Verzaubertes, z. B. ein verzaubertes Hexenhäuschen!

Anmerkungen

Aus mehreren verzauberten Hexenhäuschen können die Kinder in einer Collage ein Hexendorf herstellen.
In die Hexenhäuschen können aus Katalogen und Prospekten verzauberte, verrückte Personen und Sachen geklebt werden.

Mögliche Arbeitsaufträge:

→ Spielt den Hexen- und Gespensterspaß mit Licht und Schatten!

→ Spannt ein weißes Bettlaken wie eine Leinwand auf und beleuchtet es mit einer Lampe! Wenn sich ein Gespenst oder eine Hexe zwischen Lampe und Bettlaken stellt, sehen die anderen Kinder den Schatten auf dem Bettlaken. Ratet, wessen Schatten es ist!

→ Führt ein Hexen- oder Gespenster-Schattentheater mit Stabpuppen auf! Denkt euch dafür eine Geschichte aus. Zeichnet die Umrisse der Hexen, Gespenster und der anderen Figuren auf Pappe und schneidet sie aus. Danach klebt ihr jede Figur an einen Stab. Spannt ein weißes Bettlaken wie eine Leinwand auf und beleuchtet es mit einer Lampe. Bewegt eure Figuren zwischen Leinwand und Lampe. Der Schatten eurer Stabpuppen ist dann auf dem Bettlaken von den Zuschauern zu sehen. Denkt daran, daß der Schatten der Puppenspieler nicht auf der Leinwand erscheinen darf!

→ Führe ein Schattenspiel auf dem Tageslichtprojektor auf! Denke dir eine kleine Gruselgeschichte aus. Zeichne die Umrisse der Figuren deiner Geschichte auf Papier oder dünne Pappe und schneide sie aus. Wenn du sie auf den eingeschalteten Tageslichtprojektor legst, sind sie als Schattenfiguren auf der Leinwand zu sehen. Tip: Gestalte deine Figuren nicht zu groß, sie müssen auf den Tageslichtprojektor passen!

Gesellschaftsspiele zur Gruselwerkstatt:

Hexentanz, F. X. Schmidt Verlag, Prien
Schoko-Hexe, F. X. Schmidt Verlag, Prien
Das Geisterschloß, F. X. Schmidt Verlag, Prien
Das verrückte Labyrinth, Ravensburger

Mögliche Arbeitsaufträge:

→ Suche dir ein Spiel aus und spiele es mit Kindern aus deiner Klasse nach der Spielanleitung!

→ Schreibe eine Spielempfehlung!

→ Erfinde selbst ein Hexen- oder Gespensterspiel!

Unterrichtsideen — Schaurig - schönes Spielen

→ Erfinde ein Frage- und Antwortspiel zu einem Hexen- oder Gespensterbuch (z. B. Die kleine Hexe, Das kleine Gespenst)!

→ Erfinde ein Hexen- oder Gespensterspiel für die Turnhalle!

Anmerkungen Hierzu gibt es keine Kopiervorlage; stellen Sie die Auftragskarte zu den vorhandenen Spielen.

3.6 Fürchterliches Gespenster- und Hexenfest

Höhepunkt der Gruselwerkstatt ist das Gespenster- und Hexenfest. Kinder und Lehrerin oder Lehrer planen und feiern es gemeinsam. Natürlich können sich auch die Eltern an der Planung beteiligen und mitfeiern.

In diesem Kapitel finden Sie Anregungen für die Planung und Durchführung des Festes, Tips für Verkleidungen und Gestaltungsvorschläge für Einladungen.

Mögliche Arbeitsaufträge:

→ Plant mit eurer Klasse ein Gespenster- und Hexenfest und feiert dies zum Abschluß der Werkstattarbeit!

→ Plant ein Gespenster- und Hexenfest, zu dem ihr Eltern und Geschwister einladet! Feiert dies zum Abschluß der Gruselwerkstatt!

Tips für Euer Fest:

- Überlegt euch, was ihr machen wollt und könnt
  (Lieder, Tänze, Spiele, Musik, Gedichte, Geschichten lesen oder erzählen, Theater usw.)!
- Was wollt ihr essen und trinken?
- Besprecht, wann das Fest stattfinden und wie lange es dauern soll!
- Macht euch ein Programm, damit euer Fest auch gelingt!
- Schmückt euren Festraum gruselig!
- Schreibt Einladungen an die Gäste!
- Ihr müßt euch genau überlegen, was eure Gäste auf dem Fest machen sollen!

Unterrichtsideen Fürchterliches Gespenster- und Hexenfest

*Gestaltungsvorschläge
für Einladungen
bzw. Poster*

Mögliche Arbeitsaufträge:

→ Schreibe eine Einladung für unser Gespenster- und Hexenfest in der Schule! Überlege vorher genau, welche Informationen die Gäste benötigen!

→ Kennst du noch andere Möglichkeiten, Schrift unsichtbar zu machen? Wenn ja, verrate sie deiner Klasse!
Schreibt mit der neuen Geheimtinte auch Gespenster- oder Hexenbriefe!

Material

dünner Pinsel, Zitronensaft, Briefpapier
(Zwiebelsaft, Weinessig, Salzwasser, Zuckerwasser eignen sich ebenfalls.)

Anmerkungen

Die Kriterien für das Formulieren einer Einladung müssen zuvor erarbeitet werden: Anrede, Datum, Uhrzeit, Ort, Verkleidung, Eintritt ... Dies geschieht am besten in einer Schreibkonferenz, in der die Entwürfe überprüft und verbessert werden.
Gruselige Wortspielereien und Bilder machen die Einladungen besonders attraktiv.
So funktionieren Geheimtinten: Die Hitze sorgt dafür, daß die Geheimtinte verbrennt, aber nicht das Papier.

Mögliche Arbeitsaufträge:

→ Verkleide dich für euer Fest als Gespenst!
Dazu brauchst du das Gespenstertuch und die Gespensterfinger. Lies dir die Anleitung durch!
Natürlich kannst du dein Kostüm noch weiter schmücken, z. B. mit Spinnweben.
Dir fallen bestimmt noch viele gespenstische Sachen ein.

→ Verkleide dich für unser Fest als Hexe!
Lasse dabei deiner Phantasie freien Lauf, aber vergiß den Hexenbesen nicht!

Anmerkungen

Die Utensilien für die Kostüme besorgen sich die Kinder zu Hause. Die Mitarbeit der Eltern ist hier hilfreich.
Die Lehrerin/der Lehrer müssen sich natürlich auch für das Fest verkleiden.

Mögliche Arbeitsaufträge:

→ Bastel für unser Gespenster- und Hexenfest Gespensterspießchen!
Die Spießchen kann man in die verschiedensten Partyhäppchen stecken (z. B. Käsewürfel, Cracker mit Frischkäse, kleine Gurken, Cocktailwürstchen und alle Häppchen, die ihr gerne eßt).

→ Bastel für unser Gespenster- und Hexenfest Hexenspießchen!

Anmerkung

Für das Fest können die Kinder noch viele andere Leckereien zubereiten. Diese werden dann entsprechend gespenstisch oder hexenhaft verziert angeboten.

3.7 Merk-würdige Rückschau

Jede Werkstatt endet mit der Rückschau auf die getane Arbeit. Hierfür ist es besonders interessant, daß Kinder durchaus ihr eigenes Arbeitsverhalten verbalisieren und erstaunliche Selbstkritik äußern können.
Vorschläge für die Organisation der Rückschau finden Sie in diesem Kapitel.

Unterrichtsideen — Merk-würdige Rückschau

Anmerkungen

Möglicher Arbeitsauftrag:

→ Schreibe das Inhaltsverzeichnis für deine Gruselwerkstatt!

Das Inhaltsverzeichnis muß im Klassensatz kopiert werden (Pflichtaufgabe). Es kann täglich nach einer fertiggestellten Aufgabe oder aber auch am Ende der Werkstatt ausgefüllt werden.
Der Vorteil des täglichen Protokolls liegt darin, daß die Kinder erfahren, wie ihre Werkstattarbeit wächst. Außerdem können sie schnell überprüfen, welche Aufgaben sie bereits bearbeitet haben.
Der Vorteil des Gesamtprotokolls liegt darin, daß die Kinder ihre Arbeiten inhaltlich und zeitlich ordnen können. Außerdem erhalten sie einen Rückblick über ihre getane Arbeit und können so ihre gesamte Werkstattarbeit besser reflektieren.
Die Art der Protokollführung sollte für die gesamte Klasse verbindlich festgelegt werden.

Möglicher Arbeitsauftrag:

→ Denke noch einmal über deine gesamte Werkstattarbeit nach und schreibe auf, was dir besonders gut und was dir nicht gefallen hat!

Anmerkungen

Durch die Reflexion der Kinder erhält die Lehrerin/der Lehrer Informationen darüber, welche Arten von Aufgaben von den Kindern bevorzugt bzw. abgelehnt werden. Dabei ist es auch aufschlußreichen zu sehen, aus welchen Gründen dies geschieht.
Die Lehrerin/der Lehrer lernt dadurch die Kinder in ihrem Lernprozeß besser kennen, was ihr/ihm wiederum die Möglichkeit gibt, das einzelne Kind besser zu fördern.
In einem der schriftlichen Reflexion vorangehenden Unterrichtsgespräch sollte unbedingt geklärt werden, daß die Kinder ihre Gründe für die Bevorzugung bzw. Ablehnung bestimmter Arbeiten benennen, z. B. ob Aufgaben zu schwer oder zu leicht waren, ob sie sehr zeitaufwendig waren, ob sie Spaß gemacht haben und was die Kinder dabei gelernt und geübt haben. Bei den Reflexionen ist es wichtig, daß nicht nur über inhaltliche Aspekte der Werkstattarbeit nachgedacht, sondern ebenso über den Arbeitsprozeß selbst und die damit verbundenen Interaktionen in der Klasse reflektiert wird.
Die Vor- und Nachteile einer Werkstatt können auch gemeinsam mit den Kindern gesammelt werden. Dazu notieren die Kinder ihre Bemerkungen auf Zetteln (pro Werkstattaufgabe einen Zettel), die auf eine große, nach Vor- und Nachteilen unterteilte Pappe inhaltlich geordnet geklebt werden.
Dabei kann sich natürlich nicht jedes Kind zu jeder Arbeit äußern. Erfahrungsgemäß setzen die Kinder selbst kritische Schwerpunkte. Über einzelne Werkstattarbeiten wurde zudem ja schon vorher im Kreis gesprochen.
Die in der Abschlußreflexion gemachten Erfahrungen können dann von den Kindern und der Lehrerin/dem Lehrer bei der nächsten Werkstatt berücksichtigt werden, so daß sich die Arbeit an Werkstätten im Laufe der Zeit immer mehr verbessert.
Deshalb ist es wichtig, sich für die Phase der Gesamtreflexion genügend Zeit zu nehmen.
Den endgültigen Abschluß der Werkstatt bildet dann das Zusammenheften der Kinderarbeiten zu einem Buch, wobei die Kinder noch einmal die Gelegenheit erhalten, ihr Buch schön zu gestalten und evtl. zu verbessern.

Tip

Lehrerinnen und Lehrer, denen kein Bindegerät zur Verfügung steht, können das Buch auch mit Wollfäden oder Schnellheftern zusammenbinden. Vorder- und Rückseite bilden Pappen oder Tonpapier.

Muster für Auftragskarten

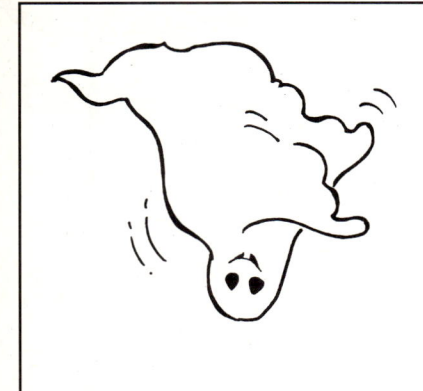

1

Hexenmahlzeit

Fröschlein, Krebs und Fisch,
Kinder kommt zu Tisch!

Morgens früh um zehn
Holt sie Holz und Spän,

Morgens früh um acht
Wird Kaffee gemacht,

Feuert an um elf,
Kocht dann bis um zwölf

Morgens früh um sieben
Schabt sie gelbe Rüben,

Morgens früh um neun
Geht sie in die Scheun,

Morgens früh um sechs
Kommt die kleine Hex,

• •

Das Hexeneinmaleins

Du mußt verstehn:

Das ist das Hexen-Einmaleins.

Und neun ist eins,

Verlier die vier!

Aus fünf und sechs,
So sagt die Hex,

Und drei mach gleich,
So bist du reich.

Und zwei laß gehn,

Und zehn ist keins.

Mach sieben und acht,
So ist's vollbracht:

Aus eins mach zehn,

Buschlabee

Volksgut

Ich ging einmal nach Buschlabee, da kam ich an einen großen See,	da kam ich an ein Mühlenhaus, da schauten drei Hexen zum Fenster raus.
Die erste sprach: „Komm, iß mit mir!"	Die zweite sprach: „Komm, trink mit mir!"
Die dritte nahm einen Mühlenstein und warf ihn mir ans linke Bein.	Da schrie ich laut: „Oh weh, oh weh! Ich geh nie mehr nach Buschlabee!"

Gruselett

Der Flügelflagel gaustert
durchs Wiruwaruwolz,
die rote Fingur plaustert,
und grausig gutzt der Golz.

Christian Morgenstern

Hexen-Abzählspruch

7, 6, 5, 4, 3, 2, 1
geht das Hexeneinmaleins.
Kinder tragen Blumenkränze,
Hexen tragen Rattenschwänze.
Hexenhaus hat gute Sachen –
und du mußt die Hexe machen.

Unbekannter Verfasser

Hexen-Gesetze

1. Hexen hacken halbtags heftig Holz.

2. Hexen holen huckepack herzhafte Hamburger.

3. Hexen heilen hämisch höllischen Herzschmerz.

4. Hexen häkeln hemmungslos halbe Hängematten.

5. Hexen hauen hinterhältig habgierige Haie.

6. Hexen hypnotisieren heimlich halbstarke Hähnchen.

7. Hexen haben himmlisch haarigen Haferschleim.

8. Hexen hänseln herzlos hochnäsige Harlekine.

9. Hexen humpeln händeringend häßlichen Hasen hinterher.

8

© Ernst Klett Schulbuchverlag GmbH, Stuttgart 1994. Von dieser Druckvorlage ist die Vervielfältigung für den eigenen Unterrichtsgebrauch gestattet. Entnommen aus der Reihe *Unterrichtsideen:* „Grusel - Werkstatt".

9

Das kleine Gespenst

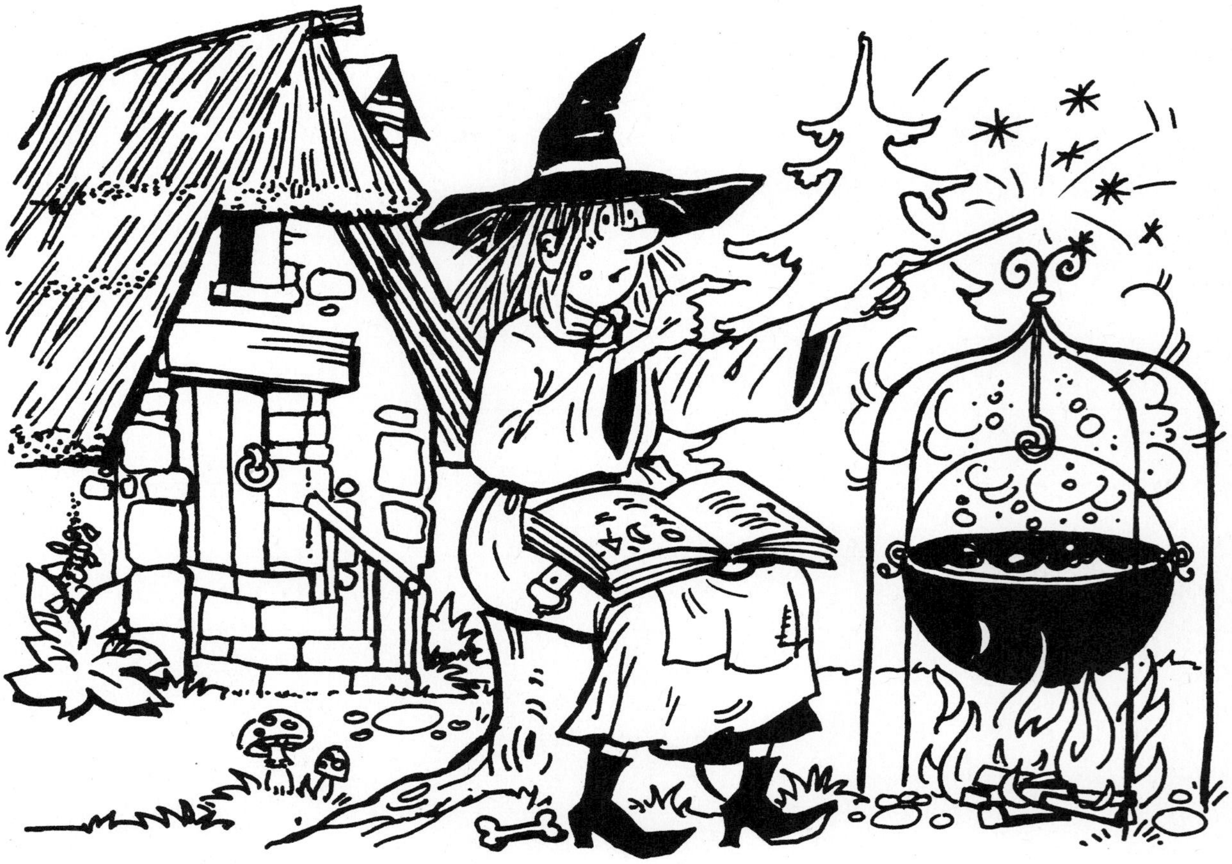

Gespenster-Wunschbaum

Geheimschriften

1. saD tsnepseG rimisaK tnhow ni menie nemastles suaH.

2. nehcam ehcsuäreG ehcilrethcrüf rimisaK ßum thcanrettiM mU.

3. Ir trifft iini kliini Hixi, dii sich iif ihrim Hixinbisin virirrt hit.

4. Ksmr nd d kln Hx rtn f dm Hxnbsn zm Hxnfst.

5. 19/9/5   20/1/14/26/5/14   21/14/4   26/1/21/2/5/18/14
   1/21/6   4/5/13   8/5/24/5/14/6/5/19/20.

6. HA STDUDA SGESPE NSTKA SIMI RUN DSEI NEFR
   EUNDI NDIEKL EINEHEX ESCHO NGES EHEN?

Robert ging in ein Hotel und fragte:
Haben Sie ein Zimmer für mich?
Ja, antwortete der Portier,
aber dort spukt es.
Das ist egal, sagte Robert,
ich nehme das Zimmer.
Kaum lag Robert im Bett,
schwebte ein Geist auf ihn zu.
Der rief: Ich bin der Geist
mit den blutroten Augen.
Darauf Robert: Soll ich dir noch
ein blaues dazuhauen?

14b

Eine Angstgeschichte

zitternd
fürchterlich
ängstlich
schrecklich
unheimlich
schnell
furchtbar
seltsam
leise
wacklig
rasend
merkwürdig
schnarchend
laut quitschend
flüsternd

Rüdiger und Anton waren in den Ferien auf der Burg Kerpen.

Eines Nachts hörte Rüdiger vor seinem Zimmer ein _____ Geräusch. Rüdigers Herz begann _____ zu schlagen.

Da! Jetzt war das _____ Scharren wieder zu hören. Direkt vor seiner Tür. Rüdigers Haare standen zu Berge.

Mit _____ Beinen schwankte er zu dem _____ Anton. Er weckte ihn mit _____ Stimme:

„Da draußen ist etwas." Gemeinsam lauschten die beiden. Jetzt war dieses _____ Scharren wieder zu hören. Plötzlich knarrte die Tür und öffnete sich wie von selbst. _____ krochen Anton und Rüdiger unter die Bettdecke …

Neue Merkwörter
– gespenstisch gut –

die Hexe schlagen gruselig geistern

fürchterlich das Gespenst die Nacht

flüstern dunkel der Hexenbesen laut leise

fliegen das Hexenfest tanzen merkwürdig

schrecklich reiten das Hexenhaus der Geist

ängstlich zittern die Turmuhr

unheimlich die Angst

spuken um Mitternacht seltsam

zaubern

Unser Gespenst Kasimir

Das kleine Gespenst Kasimir wohnt in einem seltsamen Haus in unserer Stadt. Es geistert ganz allein in der dunklen Nacht. Alle haben Angst vor ihm. Jeder findet es gruselig.
Kasimir ist traurig, weil alle Leute ihn so schrecklich finden.
Um Mitternacht muß Kasimir leise flüstern und seltsame, fürchterliche Geräusche machen. Das gefällt ihm nicht, weil die Nacht für ihn unheimlich ist. Er muß auch immer zittern, wenn die Turmuhr Mitternacht schlägt.
Endlich trifft er eine Freundin. Es ist die kleine Hexe, die sich auf ihrem Hexenbesen verirrt hat. Kasimir und die kleine Hexe reiten gemeinsam auf dem Hexenbesen zum Hexenfest.
Dort wird viel getanzt und gezaubert. Nach dem Hexenfest fliegen Kasimir und seine neue Freundin wieder zurück in die Stadt. Jetzt spuken sie miteinander in unserer Stadt herum.
Habt ihr das Gespenst und die Hexe schon gesehen?

18a

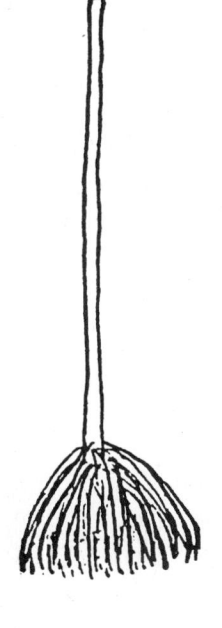

Glimmi

Potzblitz! Da erscheint die Hexe Glimmi!
Sie sieht fürchterlich aus mit ihren
roten Haaren und der behaarten Warze
auf ihrer Nase.
Sieh, wie sie dasteht mit ihrem grünen
Kleid! Überall sind rote Flecken.
Die Schürze ist ganz schmutzig.
Auch das Kopftuch ist schon ganz grau
vor Dreck.
Paß auf! Sie schwingt ihren schwarzen
Zauberstab mit der goldenen Spitze.
Simsalabim! Schon sitzt ein Gespenst
im Brunnen, und ein schwarzes Spinnen-
netz hängt im Fenster.
Abrakadabra! Plötzlich hält Glimmi einen
roten Hexenbesen in der Hand.
Was ist das? – Eine schwarze Katze sitzt
auf dem Schornstein und eine Brezel hängt
am Hexenhaus.
Zuletzt läßt sie auch noch den schwarzen
Raben auf den Türrahmen fliegen.

Aber Glimmi ist immer noch nicht zufrieden.
Sie möchte noch mehr zaubern.
Hilf ihr doch dabei!

Verflixtes Rechnen!

Rechnungen zu unserem Gespenster- und Hexenfest

Wir wollen uns gerne die Bücher „Das kleine Gespenst"
und „Die kleine Hexe" und das Spiel „Hexentanz" kaufen.
Die Bücher und das Spiel kosten zusammen ungefähr 70 DM.

- Gespensterspießchen schmecken auch lecker!
- Wir können Würstchen verkaufen!
- Sollen wir Eintritt verlangen?
- Wie viele Leute sollen wir einladen?
- Wir müssen etwas zu trinken anbieten!

Laßt uns rechnen, wie wir das Geld auf unserem Fest verdienen können!

Verflixtes Rechnen 1

Zum Fest haben sich 50 Personen angemeldet.
Der Eintritt für eine Person beträgt 0,50 DM.

> Wieviel Geld nehmen wir durch die Eintrittspreise ein?

••

Verflixtes Rechnen 1

Zum Fest haben sich _____ Besucher angemeldet.

Wir wollen _____ DM Eintritt für eine Person nehmen.

Verflixtes Rechnen 2

Eintrittspreise

Kinder: 0,50 DM
Erwachsene: 0,75 DM

Ich habe eine Idee! Erwachsene sollen mehr Eintritt bezahlen als Kinder

Zu unserem Fest kommen 20 Kinder und 30 Erwachsene.

••

Verflixtes Rechnen 2

Zum Fest kommen _____ Erwachsene und _____ Kinder.

Erwachsene bezahlen _____ DM Eintritt.

Kinder bezahlen _____ DM Eintritt.

Verflixtes Rechnen 3

extra lang
8 Würstchen
6,40 DM pro Dose

extra dick
10 Würstchen
7,00 DM pro Dose

Wir brauchen 50 Würstchen.
Welche sollen wir nehmen,
Knackis oder Longos?

• •

Verflixtes Rechnen 3

Geh in den Supermarkt und erkundige dich nach den Würstchenpreisen!

Eine Dose Würstchen kostet ____ DM.

Wir müssen ____ Dosen kaufen.

Wir bezahlen dafür ____ DM.

Verflixtes Rechnen 4

Wir verkaufen unsere Würstchen.

> Wir nehmen pro Würstchen 1 DM. Dann werden wir auch alle los.

> Nein, wir nehmen pro Würstchen 1,50 DM. Dann verdienen wir mehr.

•••

Verflixtes Rechnen 4

Wir verkaufen unsere Würstchen.
Sprecht darüber, für wieviel Geld ihr ein Würstchen verkaufen wollt!

Wir nehmen pro Würstchen _____ DM.

Wir können _____ DM am Würstchenverkauf verdienen.

Verflixtes Rechnen 5

Ein Hexen- und Gespensterfest macht viel Durst.
Wir kaufen deshalb von jeder Sorte 2 Kästen.

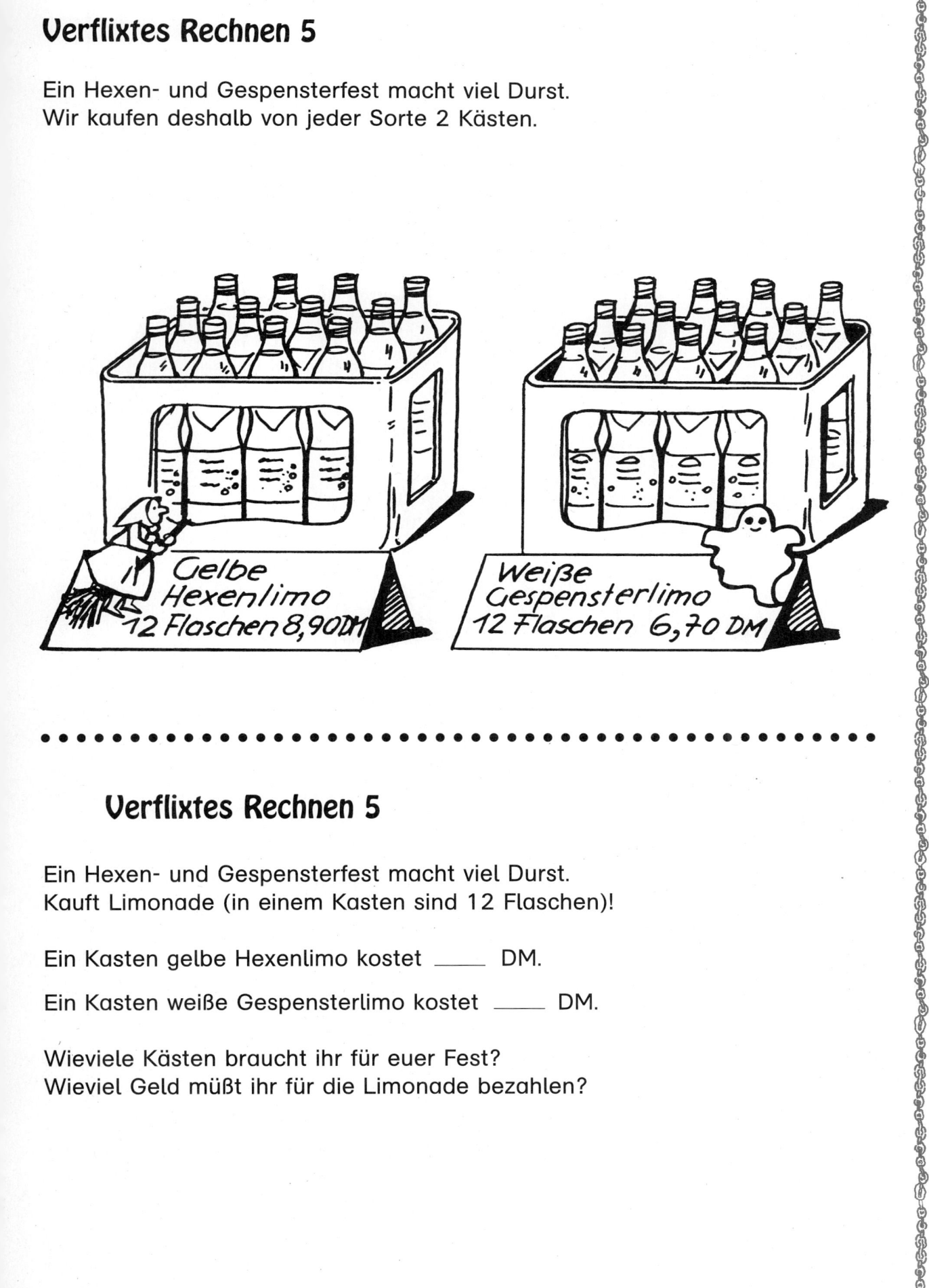

Gelbe Hexenlimo
12 Flaschen 8,90 DM

Weiße Gespensterlimo
12 Flaschen 6,70 DM

• •

Verflixtes Rechnen 5

Ein Hexen- und Gespensterfest macht viel Durst.
Kauft Limonade (in einem Kasten sind 12 Flaschen)!

Ein Kasten gelbe Hexenlimo kostet _____ DM.

Ein Kasten weiße Gespensterlimo kostet _____ DM.

Wieviele Kästen braucht ihr für euer Fest?
Wieviel Geld müßt ihr für die Limonade bezahlen?

Verflixtes Rechnen 6

Wir verkaufen unsere Limo.

- Wir haben 48 Flaschen Limo gekauft.
- Wir nehmen 50 Pfennig für ein Glas Limo.
- Eine Flasche ergibt drei Gläser.

....

Verflixtes Rechnen 6

Wir haben _____ Flaschen Limo gekauft.

Wir verkaufen unsere Limo.
Sprecht darüber, für wieviel Geld ihr ein Glas Limo verkaufen wollt!
Tip: Eine Flasche ergibt drei Gläser.

Ein Glas Limo kostet _____ DM.

Wir können _____ DM am Limoverkauf verdienen.

Verflixtes Rechnen 7

Zum Fest soll es leckere Gespensterspießchen geben.

Das Papier für die Gespensterspießchen haben wir ja noch.

Ich habe im Geschäft gesehen: 100 g Gouda kosten 1,19 DM. 1 Packung Zahnstocher kostet 1,89 DM.

Wir brauchen 1 kg Goudakäse und Zahnstocher.

• •

Verflixtes Rechnen 7

Zum Fest soll es leckere Gespensterspießchen geben.
Ihr braucht für die Spießchen 1 kg Goudakäse, Zahnstocher und andere Zutaten nach eurem Geschmack (vielleicht Gurken, Weintrauben …).
Geht ins Geschäft und erkundigt euch, wie teuer die Sachen sind.

Wir müssen für die Spießchen ____ DM ausgeben.

Verflixtes Rechnen 8

Wir müssen die Einnahmen zusammenrechnen.

Wir müssen die Ausgaben zusammenrechnen.

Wieviel Geld können wir verdienen?

Wir müssen Einnahmen und Ausgaben Vergleichen!

Wir müssen eine Kostenaufstellung machen.

Können wir uns die Bücher und das Spiel kaufen?

Einnahmen		Ausgaben	
Eintritt		Eintritt	—
Würstchen		Würstchen	
Hexenlimo		Hexenlimo	
Gespensterlimo		Gespensterlimo	
Gespensterspießchen		Gespensterspießchen	

Einnahmen
- Ausgaben
Verdienst

Wir haben _____ DM verdient.
Wir können uns unseren Wunsch erfüllen/nicht erfüllen.

Gespensterlaterne

Du brauchst: weiße Gardinenreste, Luftballon,
weißes Seidenpapier (pro Laterne 4 Bögen), Tapetenkleister,
farbiges Transparentpapier für die Augen und den Mund,
Blumendraht, Lochzange.

Arbeitsanleitung:

1. Reiße das Seidenpapier in handgroße Stücke
   und klebe sie mit dem Tapetenkleister
   auf den aufgeblasenen Luftballon.
   Klebe die Stücke so dicht auf, daß du vom
   Luftballon nichts mehr siehst!
   Das Mundstück bleibt frei. Daran hängst du
   den Luftballon auf.

2. Wenn alles sehr gut getrocknet ist, mußt du
   den Luftballon entfernen.
   Dazu stichst du mit der Schere in das Mundstück
   oder schneidest es ab.
   Der Luftballon schrumpft.
   Jetzt schneidest du ein etwa faustgroßes Loch
   oben in den Kleisterkopf.
   Hole die Reste des Luftballons heraus!

3. Schneide große Augen
   und einen großen Mund
   mit der Schere aus dem Kleisterkopf.

4. Klebe Transparentpapier
   hinter Augen und Mund!

5. Klebe ein großes Gardinenreststück oder Gardinenstreifen so auf den Kopf, daß er aussieht wie ein Gespenst!

6. Du befestigst nun ein 15 cm langes, gebogenes Stück Blumendraht an der Öffnung des Kopfes. Dazu machst du mit der Lochzange oder einer spitzen Schere zwei gegenüberliegende Löcher, durch die du den Blumendraht ziehst.

7. Nun kannst du deinen Laternenstock an dem Draht befestigen!

Fertig ist die Gespensterlaterne! Schön gruselig!

Die alte Moorhexe

Du brauchst:
eine Papierkugel mit 3 cm Durchmesser, einen Stab (ca. 15 cm lang),
Pfeifenreiniger, Stoffreste, Wollreste, Knete, Klebstoff und Filzstifte.

Arbeitsanleitung

Du steckst den Stab in die Kugel und wickelst
den Pfeifenreiniger als Arme um den Stab.

Du malst ein Hexengesicht auf die Kugel
und formst eine Hexennase aus Knete.

Aus Wollresten klebst du dem Hexenkopf
Hexenhaare auf.

Jetzt ziehst du die Hexe mit den Stoffresten an.
Suche dir passende Hexenstoffe aus!

Ihr könnt eure Hexen in einen Sandkasten stecken
und einen Hexenkreis bilden.
In der Mitte des Hexenkreises gestaltet ihr ein Feuer
aus kleinen Zweigen und rotem Transparentpapier.

Eure Hexe steht auch auf einem Knetefuß!

Marionetten - Gespenst

Du brauchst: 1 Papierkugel (4 cm ⌀) für den Kopf,
2 Papierkugeln (1,5 cm ⌀) für die Hände,
ein weißes Tuch, ca. 40x40 cm,
dünnen, reißfesten Faden,
runden Holzstab, ca. 20 cm lang.

1. Schlage das Tuch um!

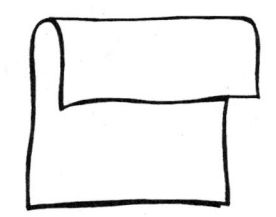

2. Binde die große Papierkugel als Kopf in das Tuch ein!

3. Binde die beiden kleinen Papierkugeln als Hände ein!

4. Du befestigst am Kopf und an den zwei Armen einen Faden.

5. Knüpfe die Fäden an den Holzstab!

6. Male deinem Gespenst ein schauriges Gesicht und laß es einen Gruseltanz vorführen!

Teil A

Teil C — kleben

1. Schneide alle Teile aus. Schneide bei Teil A die Augen aus und den Mund ein.
2. Male die Zunge grün an. Klebe sie zwischen die Augen von Teil B.
3. Lege Teil A auf Teil B und stecke die Zunge durch den Mund.
4. Klebe Teil C mit der schmalen Klebekante hinter Teil A. Dabei muß die Zunge ganz herausgestreckt sein.

EGOMIR GRÜNZUNGE

Teil B

Zunge

© Ernst Klett Schulbuchverlag GmbH, Stuttgart 1994. Von dieser Druckvorlage ist die Vervielfältigung für den eigenen Unterrichtsgebrauch gestattet. Entnommen aus der Reihe *Unterrichtsideen*: „Grusel - Werkstatt".

32

DIE KLEINE HAMPEL-HEXE

Gruselhaus

Du brauchst: Schachteln, Schuhkartons,
gespenstischen Krimskrams,
Klebstoff.

1. Bastele aus den Schachteln und Schuhkartons
   ein altes, verfallenes Haus.
2. Damit dein Haus zum Gruselhaus wird, schmücke die Räume,
   Fenster und Wände mit vielen unheimlichen und gespenstischen Sachen
   (z. B. Bilder, kleine Figuren und anderes)!

• •

Für Fortgeschrittene: **Leuchtendes Gruselhaus**

3. Wenn dein Haus im Dunkeln leuchten soll,
   mußt du eine Lichtanlage einbauen!

   Dafür brauchst du:
   ein kleines Glühlämpchen mit Fassung,
   Klingeldraht,
   eine Flachbatterie (4,5 Volt),
   einen Drückschalter.

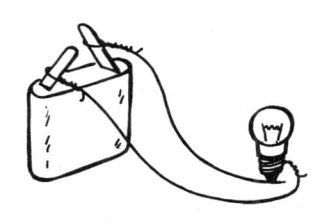

Tip: Die Beleuchtung wird durch Spiegel, Aluminiumfolie, farbiges
Transparentpapier... noch gruseliger!

34

Es wird Mitternacht. Gleich werden die Gespenster wach!

© Ernst Klett Schulbuchverlag GmbH, Stuttgart 1994. Von dieser Druckvorlage ist die Vervielfältigung für den eigenen Unterrichtsgebrauch gestattet. Entnommen aus der Reihe *Unterrichtsideen*: „Grusel - Werkstatt".

Gespensterkrach

Du brauchst: 1 leeres Marmeladenglas,
 1 Blechdeckel,
 getrocknete Erbsen.

1. Fülle das Marmeladenglas bis zum Rand mit getrockneten Erbsen.

2. Stelle das Glas auf einen Blechdeckel.

3. Nun schüttest du das Glas voll Wasser.

4. Die Erbsen quellen auf und …

_____
_____
_____
_____
_____
_____
_____

Hexeneinmaleins

Du mußt verstehn!
Aus 1 mach 10,
Und 2 laß gehn,
Und 3 mach gleich,
So bist du reich.
Verlier die 4!
Aus 5 und 6,
So sagt die Hex,
Mach 7 und 8,
So ist's vollbracht:
Und 9 ist eins,
Und 10 ist keins.
Das ist das Hexeneinmaleins.

Johann Wolfgang von Goethe

Burg Hexenstein

Ziel des Spiels: Ein Flug mit der Hexe auf ihrem Besen.

Spielvorbereitung:

1. Ihr schneidet ungefähr 25 Fragezeichenkarten aus dünnem Karton aus.
   Nun denkt ihr euch Aufträge oder Fragen aus und schreibt sie auf die Karten, zum Beispiel:
   Mach ein fürchterliches Gesicht!
   Kichere wie ein Gespenst!
   …
   Laßt euch viele gespenstische Aufträge einfallen!

2. Besorgt euch auch Spielsteine und Würfel.

3. Nun kann es losgehen: Es wird reihum gewürfelt.

4. Kommt ihr auf ein markiertes Feld, gelten folgende Regeln:

   Du mußt einmal aussetzen!

   Zurück zum Start!

   Gehe drei Felder zurück!

   Erzähle etwas Gruseliges!

   Gib eine Antwort oder führe einen Auftrag aus!

Schablone für Fragezeichenkarten: 6 cm × 4,5 cm

38b

38c

Mit dem Gespensterschiff zur Gespensterburg

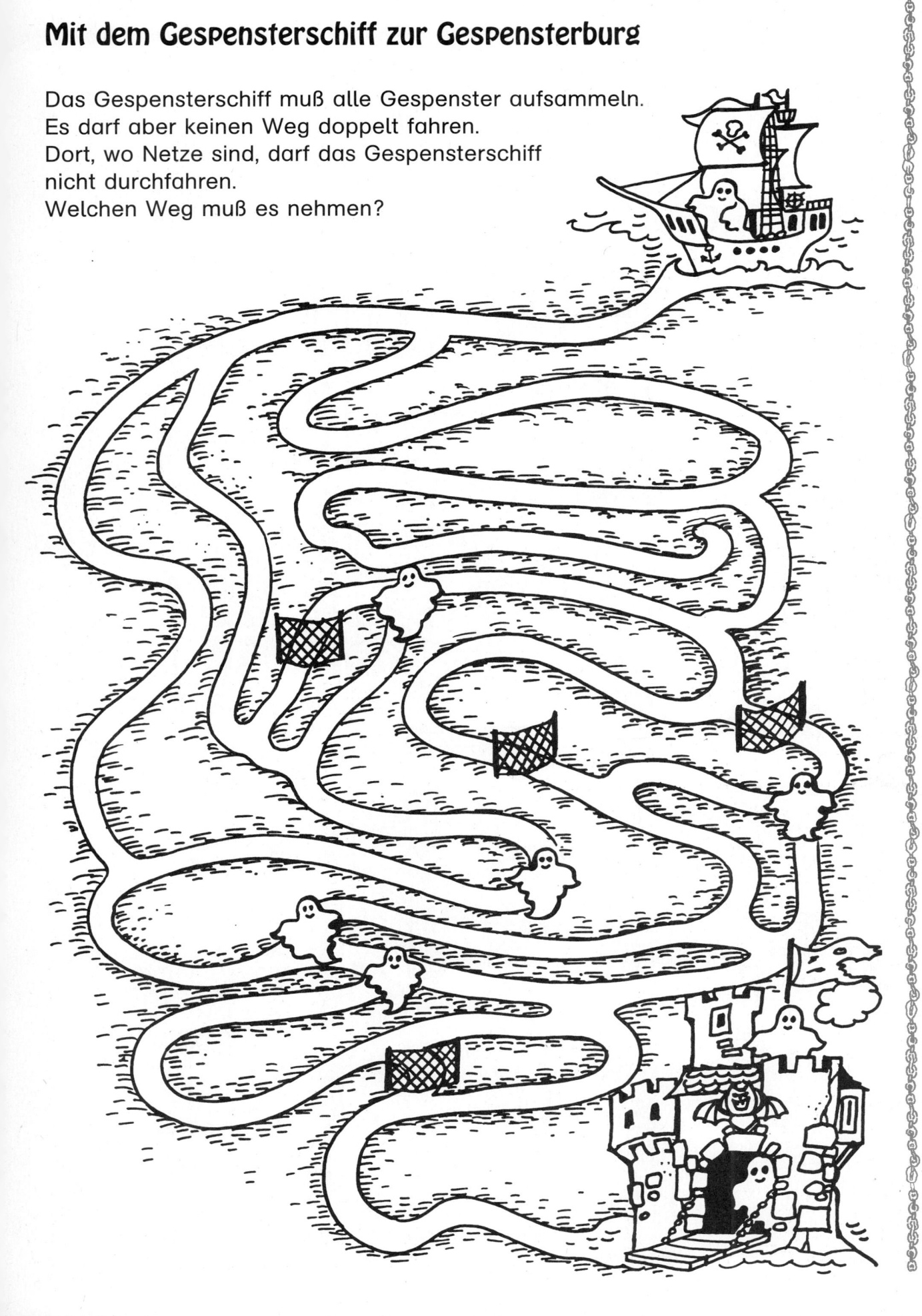

Das Gespensterschiff muß alle Gespenster aufsammeln.
Es darf aber keinen Weg doppelt fahren.
Dort, wo Netze sind, darf das Gespensterschiff
nicht durchfahren.
Welchen Weg muß es nehmen?

40

Hexen- und Gespensterspaß
mit Licht und Schatten

Hexen und Gespenster lieben die Nacht.
Verkleidet euch als Hexen oder Gespenster
und spukt in eurem verdunkelten Klassenraum herum.
Ein Gespenst oder eine Hexe hat eine Taschenlampe
in der Hand. Es darf die Taschenlampe dreimal kurz einschalten.
Das Kind, das vom Lichtstrahl getroffen wird,
muß eine Gruselgeschichte erzählen.
Dann geht das Spiel von vorne los.

Gespenster- und Hexen-Party

Einladung

So schreibst du mit Geheimtinte:

Das brauchst du:
– Zitronensaft
– einen dünnen Pinsel

Schreibe damit auf ein weißes Blatt Papier!

Du kannst natürlich auch Gespenster damit malen.

Wenn man das Blatt auf die Heizung legt, dann kann man deine Geheimschrift lesen.

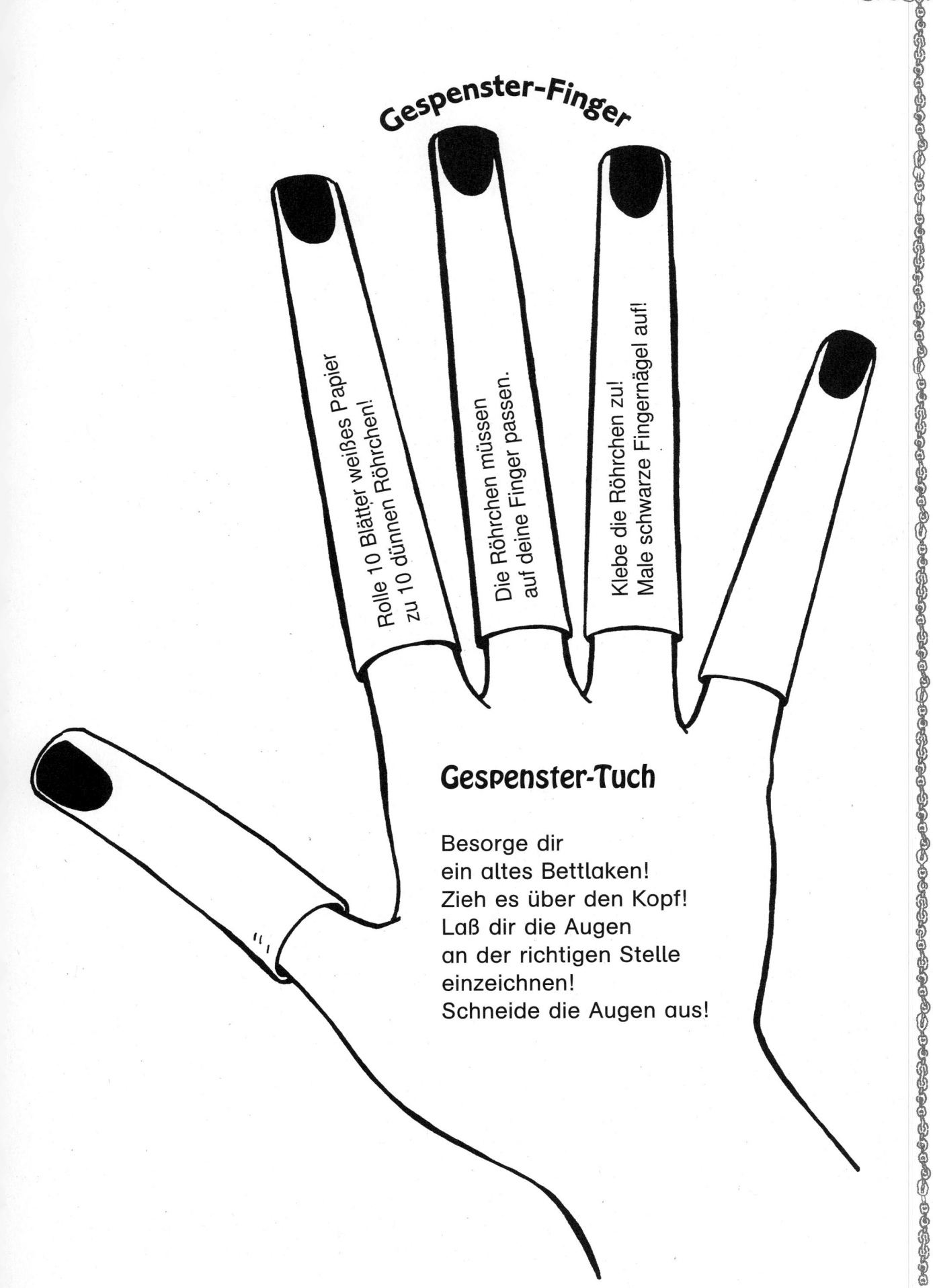

Gespenster-Finger

Rolle 10 Blätter weißes Papier zu 10 dünnen Röhrchen!

Die Röhrchen müssen auf deine Finger passen.

Klebe die Röhrchen zu! Male schwarze Fingernägel auf!

Gespenster-Tuch

Besorge dir
ein altes Bettlaken!
Zieh es über den Kopf!
Laß dir die Augen
an der richtigen Stelle
einzeichnen!
Schneide die Augen aus!

Leckere Gespensterspießchen

Du brauchst:
– weißes Tonpapier
– Klebstoff
– Zahnstocher
– dünnen schwarzen Filzstift

1. Zeichne Gespenster auf Tonpapier (doppelt nehmen).

2. Schneide sie aus.

3. Klebe einen Zahnstocher zwischen sie.

4. Male Gesichter auf die Vorder- und Rückseite.

5. Stecke die fertigen Spießchen in Partyhäppchen.

Guten Appetit!

Inhaltsverzeichnis meiner Gruselwerkstatt

Ich habe gespenstisch gut an diesen Sachen gearbeitet:

Du warst unheimlich fleißig!

Unsere Gruselwerkstatt

Das hat mir gut gefallen!

Das fand ich nicht schön!